Testudo und Fennek

Tagebuch einer kleinen Schildkröte aus Afrika

Ignatz A. Basile

Zeichnungen von Thomas Ackermann, Aachen

turtles press international

Impressum

Die Deutsche Bibliothek – CIP-Einheitsaufnahme

Basile, Ignatz A.
Testudo und Fennek
Tagebuch einer kleinen Schildkröte aus Afrika
Rodenbach, turtles press international 1996
ISBN 3-9805463-0-6

Titelgestaltung: Ignatz A. Basile
Layout und Lektorat: Matthias Basile
Zeichnungen: Thomas Ackermann, Aachen

Verlag: turtles press international
       Ignatz A. Basile
       August-Bebel-Str. 7
       63517 Rodenbach

Lithos/Satz: SatzKontor, Rodgau

Druckerei: Dosek & Schwendner GmbH, Seligenstadt

Alle Rechte vorbehalten. Kein Teil dieses Buches darf in irgendeiner Form (Druck, Fotokopie oder einem anderen Verfahren) ohne schriftliche Genehmigung von turtles press international reproduziert oder unter Verwendung elektronischer Systeme verarbeitet, vervielfältigt oder verbreitet werden. Alle Figuren dieses Buches sind rechtlich geschützt.

Printed in Germany

1. Kapitel

Ach du heiliger Panzer, was war das heiß, als ich das Licht der Welt erblickte. Ich bin eine kleine Schildkröte und kam in Afrika zur Welt. Genauer gesagt in Kenia. Ich bin also Afrikaner. Ich bin gelb gefärbt mit schwarzen Flecken auf dem Panzer. Das habe ich gesehen, als ich beim Trinken in einer Wasserpfütze mein Spiegelbild gesehen habe. Mein Kopf ist aber noch ziemlich klein, und ich kann ihn in meinem Panzer verstecken, wenn ich Angst habe.

Aber der Reihe nach: Mein erster Tag im Leben war ganz schön aufregend. Zuerst saß ich noch in meinem Ei im heißen afrikanischen Wüstensand. Es war dunkel, und mir war alles zu eng. Ich füllte das ganze Ei aus und konnte mich kaum noch bewegen. Ich saß in einer Gummihaut wie in einem Luftballon, und um mich herum war nur Eischale. Ich dachte, ich müßte ersticken. Ich zerbiß mit meinem Maul diese blöde Haut, was mir erst nach hunderten oder tausenden Versuchen gelang. Oder waren es zehntausend? Ich konnte nämlich noch gar nicht zählen. Schon fühlte ich mich befreiter, aber da war noch die Eischale. Ich pickte und hämmerte mit meinem Schnabel, der extra vorne einen spitzen Zahn hatte. Trotzdem wollte die Schale nicht zerplatzen. Vor Müdigkeit schlief ich ständig ein.

So langsam wurde es mir zu bunt, mir war es heiß, mir war es dunkel, mir war es eng. Ich pickte mit dem Schnabel, kratzte mit den Füßen, da… das Ei gab nach, es knackte und splitterte, ich spürte frische Luft, das Ei hatte einen Sprung! Es roch komisch nach Erde, Sand und Blumen. Müde schlief ich wieder ein.
Als ich wach wurde, hatte ich viel Kraft, ich pickte wieder an der Schale rum, der Riß vergrößerte sich, und ich konnte bald den Kopf durchstecken. Da klemmte ich nun, den Kopf im Sand, der Rest im Ei, Sand im Maul, Sand in den Augen, aber die Luft war gut. Ich zappelte und strampelte, bis das Ei völlig auseinanderbrach, und ich konnte mich herrlich bewegen. Jetzt sah ich auch durch meine sandigen Augen weiter oben ein helles Licht, was für ein toller Moment!

Ich krabbelte mit letzter Kraft nach oben, der Sand gab nach, und ich rutschte immer wieder nach unten. Irgendwann war ich dann tatsächlich oben! Es war hell, heiliger Panzer, war das hell, ein glühendes Licht stand oben am Himmel, die Sonne, ich sah zum ersten Mal die Sonne, und es roch so gut nach Gras, nach Blumen, nach Kräutern, nach Hyänen-Kot und was weiß ich noch alles. Meine Güte, ich war geboren! Ich, Testudo, die kleine Panther-Schildkröte aus Kenia, in Afrika, im heißen Erdteil.

2. Kapitel

Nun war ich tatsächlich auf der Welt. Hinter mir kamen noch meine Brüder und Schwestern aus der Erde. Wie waren die dreckig. Das Licht vom Himmel war hell, und es blendete mich, und heiß wurde es mir, es war nicht zum Aushalten.
„Kommt, dort hinten ist es dunkler, wir laufen hin, da ist es sicher nicht so heiß!"
Wir liefen los, aber das dauerte und dauerte... Mehrmals blieb ich stehen und die anderen auch. Das Dunkle war immer noch weit weg, und ich hatte schon keine Luft mehr, und heiß war das. Ich zog den Kopf ein in den Panzer und wartete einen Moment, aber das war auch nicht besser. Also ich Kopf wieder raus und losgelaufen. Da, was war das? Es rauschte in der Luft, und es wurde dunkler. Was bin ich erschrocken. Ein lautes Kreischen und Rauschen war in der Luft. Ein schreckliches Monster mit furchtbarem Maul sauste über uns hinweg. Erschrocken zog ich Kopf und Beine ein. Ich wagte nicht, mich zu rühren. Trotzdem hörte ich es draußen kreischen, einen hohen pfeifenden Ton und ein wildes Flügelschlagen.
Ich mußte nachsehen und schob den Kopf ein wenig aus dem Panzer, bis ich etwas sah. Oh Schreck, zwei Riesenvögel rauschten gerade weg, in ihren Greiffüßen groß wie ein Schaufelbagger hatte jeder eines meiner Geschwister gepackt, und sie verschwanden damit hoch in der Luft. Alles in mir pochte und hämmerte, hatte ich eine Angst. Schnell lief ich wieder los. Himmel, war ich langsam! Das Gebüsch weiter hinten kam überhaupt nicht näher. Ich lief und lief. Ab und zu blieb ich stehen und schielte nach oben. Bestimmt war ich tot. Aber mir war heiß! Vielleicht

bin ich gar nicht tot! Ich streckte den Kopf raus, sah mich um, puh, ich lebte und war den ganzen Hang runtergekullert! Jetzt aber nichts wie weg, bevor die Riesenvögel wieder kommen. Das Dunkle kam näher, es war grün und es war ein Gebüsch, darunter war Gras, und es war schwer, hineinzukommen. Endlich war es geschafft. Ich konnte nicht mehr japsen, es war schattig, und ich blieb einfach sitzen. Nach einer Ewigkeit bekam ich wieder Luft. Ich sah nur Grün, und obendrüber war es auch grün und nicht mehr so heiß. Ich wurde ruhiger, meine Angst verging, es war niemand da, außer Gras und ich. Sonst keiner, sonst keiner? „Hilfe, ich bin allein, wo seid ihr? Brüder! Schwestern? Wo seid ihr? Hallo! Hallo!" Keiner war da, ich war ganz allein! Ich wurde ganz traurig und schlief ein.

Ich wurde wach und war allein und schlief ein. Ich wurde wach und war allein, ich blieb traurig und schlief ein. Ich wurde wach und war immer noch allein, es war fast dunkel, und mir wurde kalt. „Ist denn keiner da?" Die Sonne war weg, alle waren weg, mir war kalt, das Leben war gar nicht schön! Ich schlief ein, mein erster Tag!

3. Kapitel

Irgendwann wurde ich wieder wach. Es war ganz dunkel und unheimlich. Es waren überall dunkle Schatten, und sie bewegten sich, und es wisperte und zirpte und raschelte und und und... Ich hatte eine Riesenangst und zog den Kopf schnell wieder ein. Und kalt war es mir, soo kalt...

Als ich wieder aufwachte, war es hell, so schön hell, und es war auch gar nicht mehr kalt. Um mich herum war alles grün. Die Grashalme waren höher als ich, und ich sah fast nichts. Vorsichtig krabbelte ich los in die Richtung, wo es hell leuchtete. Puh, war das mühsam, durch das hohe Gras zu laufen. Aber bald hatte ich es geschafft, das Gras war hinter mir, und ich war im Hellen, es war herrlich warm, und ich konnte etwas sehen! Es gab Sand, bunte Steine und Bäume, hohe Bäume, und wie das wieder roch! Ich lief hin und her, vor und zurück, blieb stehen und holte tief Luft; wie das duftete und leuchtete, rot, blau, grün. Eine Blume, eine wunderschöne Blume, und es summte und schwirrte in der Luft. Eine Menge Insekten umkreisten die Blume und landeten auf der bunt leuchtenden Blüte. Ach, es war herrlich! Das war also die Welt, und ich war da.

Ich mußte unbedingt noch mehr sehen und ging weiter. Ich lief über eine Steinplatte, du lieber Panzer, war das heiß, ich beeilte mich, weiter zu kommen, bald kam etwas Grünes, und ich spazierte darüber, es war ganz weich, und ich schwebte wie auf Wolken, war das toll! Das war Moos, weiches, grünes, leicht feuchtes Moos. Leider folgte danach wieder Sand, und der war so heiß, daß mir die Füße brannten. Ich zog die Beine in den Panzer und wartete. Aber das war auch keine Lösung. Mir wurde nur wärmer. Wo war das hohe Gras? Dort mußte ich hin, da ist es sicher kühler. Hurtig marschierte ich los auf das Grüne zu, es dauerte und dauerte. Als ich am Rande des Grases angekommen war, war ich ganz schön müde und mußte erst einmal verschnaufen. Hier hatte ich etwas Schatten, und es roch wieder gut! Was war das anstrengend, geboren zu sein. Zu heiß, zu kalt, zu dunkel, zu hell, und ich war soo müde...

Als ich aufwachte, war es noch heißer, die Sonne stand als weiß leuchtender Punkt mitten am Himmel. Ich blinzelte nach oben, es blendete mich, und ich schloß die Augen. War das heiß! Ich mußte doch wieder ins Gras klettern. Mühsam bahnte ich mir einen Weg, bis das Gras aufhörte und ich unter einen Busch kam. Hier war es schön. Die Erde war kühl und weich, und ich hatte Schatten. Hier wollte ich bleiben. Dies war mein Platz, mein kühler Schatten-Busch-Platz.
Hilfe, was war jetzt wieder los, die Erde wackelte, nein, ich wackelte. Irgend etwas schob mich hin und her, ich wagte nicht, den Kopf rauszustrecken. Ich lauschte gespannt. Irgend etwas schnüffelte an mir rum; jetzt wackelte es wieder! Hilfe, jemand will mich fressen, oder mich krallen und durch die Luft mit mir fliegen. Ich hörte wieder ein Schnüffeln, und es wackelte nicht mehr. Gaaanz langsam schob ich den Kopf nach draußen. Ich sah nur Schwarz, eine schwarze schnüffelnde Schnauze und dahinter zwei Augen, nein Äuglein, kleine lustig funkelnde Äuglein. Ich schaute nach oben und sah zwei große, spitze Ohren, ein lustiges Gesicht. Puh, meine Angst verging. Aber es war ein großes Tier, ob es mir was tun wollte? Schnell zog ich den Kopf wieder ein.

„Hey, komm raus, kleine Schildkröte, ich tu dir nichts! Nun komm schon!"
Vorsichtig schielte ich nach draußen. Das lustige Gesicht war noch da. Meine Angst verflog, und ich streckte den Kopf heraus und schaute. Hinter der schwarzen Schnauze war ein brauner Kopf, den ich schon gesehen hatte. Nun konnte ich ihn richtig sehen.
„Hallo", sagte ich vorsichtig und leise. „Wer bist du denn?"
„Ich bin Fennek, der Wüstenfuchs, das schlauste Tier hier in ganz Afrika. Ich bin der schnellste Fuchs der Welt, der König der Nacht! Und wer bist du?"
„Ich? Ich bin ich", sagte ich, was sollte ich sonst sagen? „Ich bin eine Schildkröte", fiel mir gerade noch ein.
„Das weiß ich doch, aber wie heißt du?"
„Ich? Ich weiß nicht, ich habe keinen Namen, ich heiße nur Schildkröte. Außerdem bin ich erst einen Tag auf der Welt und weiß noch nicht viel."
„Dann nenne ich dich Testudo, alle Schildkröten heißen Testudo... glaube ich. Und wie winzig du bist, fast hätte ich auf dir draufgesessen. Du bist wirklich erst einen Tag auf der Welt? Bist du ganz allein?"
„Ja", antwortete ich, und ich wurde ganz traurig. Mir fiel ein, daß ich ganz alleine war. Keines meiner Geschwister war mit mir gekommen.
„Als ich auf die Welt kam, fielen riesengroße Vögel über uns her, und wir rannten alle ins Gras, und jetzt bin ich allein."
„Ich habe eine Idee," sagte Fennek. „Wir suchen deine Geschwister gemeinsam."
„Oh, das wäre aber toll, du willst mir wirklich dabei helfen? So einen großen Freund kann ich aber gut gebrauchen, ich bin nämlich wirklich noch ganz klein. Wann gehen wir los?"
„Hey, hey, ganz langsam, das ist eine lange und schwere Arbeit, weil du so klein und langsam bist, da muß ich doch ständig auf dich warten, besser ich suche allein."
„Nein, nein", rief ich, „du mußt mich mitnehmen, was soll ich denn sonst tun so alleine? Außerdem macht das bestimmt viel Spaß, wenn wir zusammen suchen!"
„Da hast du recht", antwortete Fennek, „wir suchen eben zusammen. Aber das wird nicht einfach sein, wir müssen uns einen genauen Plan ausdenken. Weißt du, ich schlafe normalerweise am Tag,

wie alle Wüstenfüchse. Wir sind die Jäger der Nacht und sind nur nachts unterwegs und jagen unser Futter."

„Futter?" fragte ich, „was ist das?"

„Ja sag mal, hast du noch nichts gefressen, oder getrunken?"

„Gefressen, getrunken? Nein, habe ich nicht, mir ist auch schon ganz komisch. Was soll ich denn fressen?"

„Ach du lieber Fuchsenvater, du weißt ja noch gar nichts, und da willst du mit mir deine Geschwister suchen gehen? Also nun müssen wir doch einen genauen Plan machen. Du, Testudo frißt jetzt etwas, danach suchen wir Wasser zum Trinken, und dann gehen wir suchen, OK?"

Mir wurde schon ganz schwindelig. Fressen, trinken, suchen, oh je, oh je. Schnell sagte ich: „Ja, ich bin einverstanden, laß uns schnell was fressen, und dann geht es los."

„Du Fennek?"

„Ja?"

„Was soll ich denn fressen?"

„Du mußt doch wissen, was du frißt, Testudo. Schildkröten fressen Pflanzen, Blumen, Würmer, Schnecken, Kot, eben alles was so auf der Erde rumliegt und nicht weglaufen kann. Wir schnellen Füchse dagegen, wir rennen hinter unserem Futter her und fangen es. Zum Beispiel Mäuse und Geckos oder Heuschrecken."

Uii uii uii, das war alles etwas viel für mich.

„Mit was fange ich an, Fennek, du mußt mir helfen."

„Wir haben nicht viel Zeit zum Suchen, da vorne wachsen Blumen und Kräuter, da kannst du fressen, komm."

Ich kroch unter meinem kühlen Schatten-Busch-Platz hervor und hinter Fennek her.

„Nicht so schnell!!"

War das aufregend. Ich geh fressen!

„So, hier ist es, ich weiß, daß Schildkröten diese Blumen fressen, also fang an."

„Was, diese schönen Blumen, die riechen doch so gut!"

„Das ist doch egal, das ist dein Futter, fang an."

Ich fragte Fennek: „Tut das den Blumen auch nicht weh?"
„Du machst mich wahnsinnig, fress endlich, es tut den Blumen nicht weh."
„Also gut."
Ich biß ganz vorsichtig in eine kleine Blume. Es war gar nicht so einfach, ich mußte mich sehr anstrengen und ziehen und reißen mit aller Kraft. Endlich hatte ich eine kleine gelbe Blüte abgerissen und kaute darauf herum. Hmm, das schmeckte aber süß! Gleich noch einmal. Ich biß und zog und zerrte; ich kaute und schluckte, ich schmeckte und roch und biß immer wieder. Es schmeckte ganz herrlich süß. Bald fraß ich auch die Stengel, die waren ganz feucht und es floß weiße Flüssigkeit heraus!
„Hej, Fennek, das schmeckt toll und weißes Wasser fließt auch aus dem Stengel, das schmeckt auch. Ich glaube, mein Hunger ist bald weg, und trinken muß ich dann doch auch nichts mehr, oder?"
„Was ist, was ist? Ooohhh, ich habe wohl etwas geschlafen. Wir Füchse schlafen doch bei Tag, und ich bin daher soo soo müde. Hast du genug gefressen?"
„Ja", sagte ich, „und weißes Wasser aus dem Stengel habe ich auch getrunken."
„Na gut, dann bist du ja für das erste versorgt und, wir können losgehen."
„Ich bin aber nach dem Fressen soo müde."
„Ich bin ja auch müde. Ich mache dir einen Vorschlag. Wir schlafen jetzt eine Weile, und wenn es dann etwas später am Nachmittag ist, gehen wir los. Ein Wüstenfuchs muß jetzt sowieso schlafen. Wir laufen noch bis zu deinem Schatten-Baum da vorne, wo ich dich gefunden habe, und schlafen etwas."
„Oh ja, das machen wir."
Gesagt, getan, wir liefen zu meinem kühlen Schatten-Busch-Platz und blieben da liegen. Was für eine Aufregung! Wüstenfuchs, fressen, trinken, Geschwister suchen, was für eine aufregende Welt. Und ich hatte einen Freund.
Als ich wieder wach wurde, war es gar nicht mehr so heiß. „Fennek, wo bist du? Fennek, Fennek!"
„Ja, ja, laß mich doch erst wach werden, du weißt doch, daß wir Wüstenfüchse bei Tag schlafen. Ich bin doch hier."
„Prima, dann können wir ja loslaufen und meine Geschwister suchen, komm."

„Ja, jetzt geht es los."
Und so machten wir uns auf den Weg.

4. Kapitel

Ach du lieber Panzer, was war das für eine anstrengende Reise. Fennek war so schnell, daß ich ihn fast nie zu sehen bekam. Wenn er zwei oder drei Schritte machte, war er weg, und ich sah ihn nicht mehr im Gras. Nur wenn wir auf Sand oder Steinen liefen, konnte ich ihn sehen. Ich war ja auch so langsam...
So verging eine ganz lange Zeit, und ich kam schön aus der Puste. Ich war ja auch noch ein Baby. Plötzlich fiel mir wieder ein, daß ich ein Baby war, ganz allein, ohne Eltern, ohne Geschwister. Ich wurde ganz traurig und blieb wieder einmal stehen.
„Fennek", rief ich zaghaft. „Ich glaube, ich kann nicht mehr."
„Ach du weißer Fuchsschwanz, mit dir kommt man ja kaum vorwärts, wir sind doch noch gar nicht weit gekommen bei dem Tempo, das du mit deinen kurzen Beinen machen kannst. Machen wir eine kleine Pause und überlegen, was wir tun sollen."
„Ach, Fennek, ich bin schon richtig müde, wie lange müssen wir noch suchen?"
„Das weiß ich auch nicht. Ich weiß ja nicht, wo deine Geschwister hingelaufen sind. Ich weiß zwar, wo ich oft noch Schildkröten sehe, aber das sind größere Schildkröten und sicher keine Geschwister von dir. Wir müssen einfach suchen."
„Aber ich bin doch schon soo müde."
„Das kann ich verstehen, es wird auch schon Abend, da schlafen kleine Schildkröten. Wir Wüstenfüchse aber werden erst richtig munter. Pass auf, hier unter diesem Gebüsch kannst du schlafen. Ich gehe auf die Jagd und fange mein Futter, wie immer, wenn es dunkel ist. Morgen komme ich dann wieder, und wir suchen weiter. Keine Angst, ich komme bestimmt wieder. Und laufe nicht weit weg, hier finde ich dich morgen wieder."
„Ist gut, Fennek. Du kommst auch sicher wieder?"

„Ganz sicher, also bis morgen."
„Bis morgen."
Nun war ich wieder allein und so müde. Aber was war mit dem Himmel los? Er war nicht mehr so hell; er war plötzlich ganz rot! Und alles rundherum war fast schwarz. Ich hatte Angst. Diese Welt machte mir angst. Ich rannte los, wußte aber nicht wohin. Dann ging es nicht mehr weiter. Ich steckte fest, und es roch wieder so gut. Ich war in irgendeinem Blumenbusch, und es war so dunkel. Aber ich fühlte mich sicher. Hier fand mich sicher keiner. Dann schlief ich auch schon ein. Als ich wieder wach wurde, war es sehr hell, und es roch so gut. Ich fühlte mich frisch und stark und wollte etwas unternehmen. Plötzlich fiel mir wieder alles ein.
„Fennek."
Ach so, der ist ja weg und schläft am Tag. So mußte ich alleine etwas unternehmen. Also los. Ich krabbelte aus meinem Blumenbusch, und sofort war es wieder richtig hell und heiß. Diesmal war ich schon schlauer und suchte immer etwas Schatten und ging nicht so weit in den heißen Sand hinein. Ach wie wäre das schön, wenn ich meine Geschwister finden würde. Ich wollte nicht allein sein, das war doch so langweilig. Obwohl, langweilig? Langweilig war es mir eigentlich bis jetzt noch nicht gewesen. Ich ging langsam weiter und träumte vor mich hin. Hier war es aber schön schattig und der Boden so weich. Ganz hoch oben waren Äste und Blätter, ich war im Wald. Hier gibt es bestimmt auch viele Tiere und vielleicht auch meine Geschwister? Fröhlich ging ich weiter. Plötzlich hörte ich etwas zischen! Schnell zog ich den Kopf ein und wartete, mein Herz klopfte, ich hatte furchtbare Angst. Vorsichtig steckte ich nach einer Weile wieder den Kopf heraus, nur ein kleines bißchen. Wieder zischte etwas, jetzt viel lauter. Wieder zog ich Kopf und Beine ein und bibberte vor Angst.

„Hallo, kleine Schildkröte, komm heraus", säuselte eine leise Flüsterstimme. „Komm heraus, zischschsch, zischschsch."
Ganz vorsichtig schob ich meinen Kopf etwas aus dem Panzer und erschrak. Ein häßlich glänzendes Gesicht war dicht vor mir mit einem breiten Maul und, igitt, eine Zunge züngelte hin und her, und es zischte gefährlich. Ich zog den Kopf lieber wieder ein.

„Komm doch heraus, ich tu dir nichts, zischschsch", säuselte es wieder.
So langsam war ich doch mehr neugierig als ängstlich, und ich schob meinen Kopf wieder vorsichtig heraus. Igitt, das Vieh war immer noch kurz vor mir und zischte, und eine schmale Zunge ging hin und her.
„Wer bist du denn?" fragte ich.
„Ich bin Boa."
„Ich meine nicht, wie du heißt, sondern was bist du? Was für ein Tier?"
„Ach so, du Dummerchen, ich bin eine Riesenschlange, die größte und stärkste Schlange im ganzen Dschungel."
„Ich muß dich erst mal ansehen, ich sehe doch nur dein Maul und deine Zunge. Ich muß mal um dich rumlaufen. Du tust mir doch nichts, oder?"
„Aber nein, schau mich nur an, ich bin groß und lang und stark."
Mir schlotterten die Beine. Ich hatte immer noch Angst und lief etwas zur Seite. Die Schlange hatte an der Seite große, rote Augen und einen stechenden Blick, zum Fürchten. Ich ging vorsichtig weiter, die hörte überhaupt nicht auf und wurde immer länger und länger. Eine Schlange gefiel mir ganz und gar nicht! Ihh, und jetzt bewegte sie sich auch noch! Sie kroch mit dem Kopf auf mich zu.
„Hilfe", ich zog schnell den Kopf ein.
„Aber, aber, zischschsch, komm wieder raus, ich beiße nicht, zischschsch."
Mir war ganz heiß, und wieder wagte ich, meinen Kopf rauszustrecken.
„Was, was macht eine Schlange so?"
„Na ja, ich schlängele mich so durch den Wald, ich krieche auch auf die Bäume, und ich schwimme sogar im Wasser."
„Aber, ich sehe gar keine Beine."
„Wir Schlangen haben keine Beine, wir kriechen auf dem Bauch."
„Und und und was machst du mit deiner Zunge?"
„Damit kann ich fühlen, tasten und sogar sehen!"
„Das verstehe ich nicht."

„Also das ist so, zischschsch. Wir Schlangen sehen sehr schlecht, und mit unserer Zunge fühlen wir alles, ob etwas in unserer Nähe ist, oder so. Über die Zunge spüre ich, ob ein Tier in meiner Nähe ist, ich spüre dann die Wärme von dem Tier. Je nachdem wie warm es ist, weiß ich auch, wie weit das Tier genau von mir entfernt ist, ohne daß ich es mit den Augen sehe, zischschsch."
„Das ist aber kompliziert. Da wäre es mit den Augen aber einfacher."
„Sicher, sicher, zischschsch."
Diese Schlange war mir unheimlich. Ich nahm meinen ganzen Mut zusammen und fragte: „Und was machst du jetzt hier?"
„Ich habe Hunger und suche was zu fressen, zischschsch."
„Hilfe!" Ich zog meinen Kopf schnell wieder ein.
„Du mußt keine Angst haben, komm heraus."
Ich lugte vorsichtig aus meinem Panzer, der war mir heute viel zu klein vor Angst.
„Zischschsch, was soll ich mit so einer kleinen Schildkröte? Wir Schlangen fressen keine Schildkröten. Keine kleinen und schon gar keine großen. Weißt du, bei dir lohnt es sich nicht, du bist zu klein, und wenn du größer bist, ist dein Panzer zu hart. Das ist kein Futter für eine Schlange."
„Oh heiliger Panzer sei Dank, du frißt mich nicht?"
„Nein."
„Aber was frißt du dann?"
„Zischschsch, du bist aber neugierig. Ich will es dir sagen. Wir Boas sind Würgeschlangen. Wir schnappen uns ein Tier und umschlingen es mit unserem langen Körper und drücken fest zu, bis es keine Luft mehr hat, und danach verschlucken wir es."
Igitt, das war ja schrecklich und eklig. Ich wollte plötzlich schnell weg.
„Aha", sagte ich und schwieg.
„Zischschsch, ich merke, es gefällt dir nicht. Aber so ist das Leben im Dschungel. Fressen oder gefressen werden. Du wirst es schon noch herausfinden, zischschsch."
„Ja, ja, aber ich muß jetzt weiter, ich suche nämlich meine Geschwister."
„Na ja, viel Glück, Kleiner, ich muß jetzt mein Futter suchen, zischschsch."

Ich lief schnell los. Mein Herz pochte gewaltig. Eine Schlange, so was ekliges, was es nicht alles gibt. Nichts wie weg. Ich konnte gar nicht mehr stehen bleiben. Ich wollte möglichst weit weg von diesem Ungeheuer. Hoffentlich gibt es nicht noch mehr solcher Monster im Dschungel. Fennek, wo bist du? Ich habe Angst. Ich lief immer weiter, bis ich nicht mehr konnte. Irgendwann steckte ich fest, und es war dunkel, mein Herz klopfte wie verrückt, und ich bewegte mich einfach nicht mehr.

Nach einer ganz langen Zeit ging es mir wieder besser. Mein Herz hämmerte nicht mehr so, und meine Angst verging auch ganz ganz langsam. Ich ging vorsichtig ein paar Schritte rückwärts und streckte meinen Kopf aus dem Panzer. Es war weit und breit nichts zu sehen. Keine Vögel und keine zischenden Schlangen, die Tiere erdrückten und dann fraßen. Ich marschierte los, und mir ging es immer besser. Das Leben machte doch Spaß, oder... jetzt wurde es wieder heller, und der kühle dunkle Wald war schon zu Ende. Das war wohl nur ein kleines Wäldchen. Mir wurde wieder heiß und so langsam auch wieder komisch. Ich wußte schon, was das war. Hunger. Hunger? Essen und Trinken, oh je ich mußte etwas finden. Was hatte Fennek gesagt, Pflanzen, Blumen, Kot und Regenwürmer? Pflanzen und Blumen habe ich schon gesehen, aber wie sieht Kot und ein Regenwurm aus? Egal, ich suche wieder nach Blumen. Hier gab es aber nur noch Sand und Steine und Gestrüpp. Alles war trocken und gar nicht grün oder bunt oder saftig.

Weiter vorne sah ich etwas Dunkles, vielleicht waren das Blumen. Ich kam langsam näher, aber Blumen waren das nicht, nur Grünes. Ich biß hinein und zog und zerrte. Das Zeug war hart und zäh, endlich riß ein Stück davon ab, und ich konnte darauf herumkauen. Es schmeckte scheußlich bitter, igitt. Das wollte ich nicht. Ich tippelte um das Grüne herum und suchte weiter. Ich roch und schnupperte, aber es roch nach gar nichts. Wo waren die schönen gelben Blumen, die so süß und saftig schmeckten? Ich mußte weiter suchen.

Puh, mir war heiß und hungrig. Also mußte ich weiter suchen. Bald fand ich wieder etwas Grünes. Es roch wieder nicht besonders, und ich zerrte daran herum und biß einige Stücke ab. Ich kaute darauf herum und schluckte es runter. Es schmeckte immer noch nicht, aber es half. Ich wurde etwas satt, und so kaute ich weiter auf dem zähen Grün herum und schluckte es herunter. Irgendwann hatte ich keine Lust mehr oder war auch satt. Ich ging weiter, es war immer noch sehr heiß und ich wollte etwas trinken. Schade, daß ich die Blumen mit den feuchten Stengeln nicht gefunden hatte.

Ich mußte Wasser finden!

Huch, was war das denn? Irgendwas sauste an mir vorbei. Es war klein, braun und gar nicht größer als ich, das gefiel mir. Das Irgendwas blieb weiter vorne offenbar stehen und kam zu mir zurück. Es war ein kleines braunes Irgendwas mit zwei lustigen Äuglein und einer spitzen Schnauze mit links und rechts Haaren dran.

„Hallo, kleine Schildkröte, wo willst du denn hin?" fragte das Irgendetwas.

„Hey, du gefällst mir, endlich mal ein Tier, vor dem ich keine Angst habe. Wer oder was bist du denn?"

„Ich bin eine Wüsten-Springmaus und suche Futter."

„Eine Wüsten-Springmaus, und du kannst so schnell rennen, obwohl du gar nicht größer bist als ich?"

„Ja, wir Springmäuse sind schnell, die schnellsten Tiere im Dschungel, naja fast. Löwen, Geparden und Fenneks sind noch schneller, aber sonst, sonst bin ich der schnellste Renner der Wüste."

„Aber sag, Schildkröte, wie heißt du und wo willst du hin?"

„Mein Freund nennt mich Testudo, und ich suche meine Geschwister, ich habe sie aus den Augen verloren, kurz nachdem wir aus der Erde geschlüpft sind."

„Testudo, so so. Aber du läufst in die Wüste, hier gibt es nur Sand, Steine und Kakteen. Hierher sind deine Geschwister bestimmt nicht gelaufen. Du mußt mehr darüber laufen, da geht es mehr in den Wald, dort sind Flüsse und Wasserstellen, da leben die Schildkröten. Hier in der Wüste vertrocknest du."

„Oh ja, ich habe schon einen Riesendurst, und ich suche Wasser. Gehst du mit mir in die richtige Richtung?"

„Ja, gerne, ich will auch zu einem Wasserloch, dort finde ich eher mein Futter. Ich bin nämlich auch noch sehr jung und habe es schwer, etwas zum Fressen zu finden."

„Gut, laß und gehen, Maus."

Zu zweit lief es sich viel besser. Die Springmaus war sehr lustig. Sie machte Riesensprünge und sauste vor mir durch den Sand, bis ich sie kaum noch sah, dann rannte sie wieder auf mich zu und stoppte direkt vor mir, daß der Sand mir ins Gesicht flog. Ich erschrak jedesmal, und die Maus kicherte. Sie sprang auch auf meinen Panzer. Ich merkte es, aber es machte mir gar nichts aus. Die Maus war ganz leicht. Sie sprang manchmal auf meinen Panzer und wieder runter, wieder rauf und wieder runter. Wir fanden es beide lustig. So verging die Zeit sehr schnell. Bald sagte die Springmaus:
„Wir sind bald da, ich sehe da vorne schon den kleinen Bach. Er hat jetzt im Sommer wenig Wasser, und wir müssen mitten in den Bach hineinlaufen."
„Ist mir egal, Hauptsache, ich kann etwas trinken", keuchte ich.
Es dauerte nicht mehr lange, dann ging es steil bergab, und ich hatte Angst, weiterzulaufen.
„He, Maus, das geht aber tief runter, ich kann das nicht."
„Unsinn, ich mache es dir vor, schau, hier zwischen den Steinen geht es runter, siehst du, ich bin schon unten, siehst du mich?"
„Nur sehr undeutlich, ich glaube, ich sehe nicht so gut wie du."
„Das weiß ich, Schildkröten sehen nicht so weit, wie wir Mäuse. Aber komm jetzt, es ist ganz einfach."
Ängstlich kroch ich los. Der Boden vor mir hörte plötzlich auf.
„Hilfe, ich rutsche!"
„Aber das ist doch lustig!"
„Das ist gar nicht lustig, ich bin schon einmal einen Berg runtergekullert, das hat sehr weh getan."
„Sei kein Feigling, Testudo, es ist doch gar nicht so steil."
Ich machte ein oder zwei Schritte, und dann ging es wieder los! Ich sauste ab, sah den hellen Himmel und den dunklen Boden und wieder den Himmel und dann den Boden, alles drehte sich, es schepperte und mir tat alles weh.
„Hilfe, auah, auah!"
Ich wußte, daß ich wieder den Berg runtergekullert war! Mir tat alles weh. Vorsichtig öffnete ich die Augen... und sah den hellen Himmel! Ich wollte die Beine bewegen, aber ich hatte keinen

Boden unter den Füßen. Ich erschrak zu Tode, mein Herz pochte wie wild. Ich lag auf dem Rücken!

„Hilfe, ich liege auf dem Rücken! Ich sterbe, hilf mir, Maus!"

„Ich bin schon da, Moment, ich schiebe dich an, dann fällst du wieder auf die Beine. Uff, uff, du bist schwerer, als ich dachte."

„So schiebe doch!"

„Ja, Achtung, du schaukelst schon."

Plötzlich gab es einen Ruck und ich fühlte mich schon besser, ich öffnete die Augen und sah in die hell blitzenden Äuglein der Maus.

„Jetzt sehe ich wieder alles normal, ist mein Panzer noch heil?"

„Moment, ich laufe um dich rum. Ja, neben, hinten, oben alles bestens."

„Puh, was für ein Schreck, jetzt muß ich erst mal verschnaufen."

„Mach nicht so lange rum, Testudo, da vorne ist das Wasser. Sei froh, daß wir gerade alleine sind. Meistens sind hier Raubtiere, die Wasser trinken wollen, und dann wird es für uns Kleine gefährlich!"

„Du hast recht, los geht's."

Mir ging es auch schon wieder gut. Ich trippelte hinter der Maus her, bis es an meinen Füßen feucht wurde. Iiih, das war plötzlich naß und kalt, aber dann doch schön und kühl. Ich lief noch ein paar Schritte und stand dann bis zum Hals im Wasser.

War das schön!

Ich beugte den Kopf nach unten und schlürfte das kühle Wasser. Tat das gut! Es kühlte mich auch schön ab. Ich fand es herrlich und wollte den Kopf gar nicht aus dem Wasser heben.

„He, Schildkröte, ertrinke mir nicht!"

Ich tauchte auf und blinzelte mit meinen feuchten Augen in die Sonne.

„Nein, das macht mir nichts aus, es ist schön, den Kopf im Wasser zu haben. Ich muß das nochmal machen."

Ich ging mit dem Kopf wieder unter Wasser. Es war sensationell schön. Ich trank gierig das Wasser, bis ich dachte, ich platze, und tauchte dann wieder auf.
„Jetzt bin ich wie neu. Mir ist so leicht und frisch. Hier könnte ich bleiben, Maus."
„Bloß nicht, wir müssen schnell wieder hoch, bevor andere Tiere kommen."
„Schade, aber wenn du meinst..."
Langsam trottete ich wieder hinter der Springmaus her, steil nach oben. Es war anstrengend, aber nicht so schwierig wie herunter. Die Maus war schon längst oben und mahnte:
„Schneller, Testudo, wir wollen an den Waldrand, Schutz suchen."
Endlich war ich oben, die Springmaus saß schon da und sah mich lustig an.
„Schnell seid ihr Schildkröten wahrlich nicht, nun laß uns weitergehen."
Wir marschierten los, es ging alles schön leicht, jetzt wo ich mich erfrischt hatte. Auch die Maus war wieder lustig und sprang in Riesensätzen durch die Gegend und hüpfte immer wieder auf meinen Panzer.
Ach, die Welt war vielleicht doch schön!
Plötzlich blieb die Maus stehen und rief: „Hilfe, ein Fennek!" Dann raste sie davon. Ein Schatten glitt an mir vorbei, und ich erschrak und zog Kopf und Beine ein. Dann hörte ich ein furchtbares Quietschen und Fiepen, und ich hatte Angst.
Dann war Stille, Totenstille ....
Etwas kam auf mich zu. Aber, das war doch Fennek! Mein Freund Fennek, oder nicht?
„Fennek? Bist du es?"
Mein Herz klopfte wieder vor Angst, war das mein Freund Fennek?
„Hallo, Testudo, mein Freund, da bin ich."
„Was war das eben? Wo ist die Springmaus?"
„Die Springmaus? Hattest du Angst vor der? Ich habe sie gefressen, sie hatte keine Chance gegen den schnellsten Läufer der Wüste!"
„Du hast sie gefressen? Du hast sie so einfach gefressen? Die Maus war mein Freund, und du hast sie gefressen? Oh, ich hasse dich!"
„Aber Testudo, Mäuse sind mein Lieblingsfutter! Es ist normal, daß ich sie jage und fresse!"

„Lieblingsfutter? Du hast meinen Freund gefressen! Ich bin so traurig."
Ich zog meinen Kopf und die Beine ein und wollte nichts mehr sehen von dieser schrecklichen Welt. Die Maus war so nett, so lustig, und nun war sie tot. Ich wollte Fennek nie wiedersehen!
„Testudo, komm doch raus. Ich konnte doch nicht wissen, daß die Maus dein Freund war, glaube mir. Wir Wüstenfüchse jagen immer die Springmäuse. Außerdem hatte ich heute nacht nichts gefressen, weil ich gestern am Tag mit dir unterwegs war und nachts nicht gejagt hatte. Ich habe dich die ganze Zeit gesucht und hatte Hunger, deswegen bin ich zum Wasser gegangen, weil es da meistens etwas zu fressen gibt. Testudo, komm wieder heraus, wir sind doch Freunde."
Schöner Freund, ich war so traurig. Ein bißchen schob ich den Kopf aus dem Panzer.
„Du hast meinen Freund gefressen, du kannst nicht mein Freund sein", sagte ich leise.
„Doch, ich bin dein Freund, ich bin nur wegen dir gekommen. Wir wollten doch deine Geschwister suchen!"
„Ach ja, ich weiß nicht mehr, was ich will, ich bin so traurig."
„Komm, Testudo, du mußt das lernen. Jeder frißt jeden. Die Löwen die Hirsche und Füchse. Die Füchse fressen kleine Tiere wie die Mäuse, und die Mäuse fressen noch kleinere Tiere. Auch Schildkröten fressen Tiere, z. B. Regenwürmer, weil die noch langsamer sind als die Schildkröten."
„Ich fresse nie einen Regenwurm, ich fresse nichts, was lebt!"
„Wir werden es sehen, das sagst du jetzt, weil du erschrocken bist."
Wir schwiegen eine lange Zeit. Fennek sagte nichts, und ich wollte auch nichts mehr reden.
„Testudo?"
„Ja?"
„Bist du mir noch böse?"
„Ja, nein, ich weiß nicht."
„Fennek?"
„Ja?"
„Bist du nur wegen mir gekommen? Und wollen wir meine Geschwister suchen?"
„Aber sicher, wir sind doch Freunde."
„Na gut."

„Was, na gut?"
„Na gut, ich bin dir nicht böse .... glaub ich."
„Dann laß uns losgehen. Wir müssen da rüber in Richtung Wald, da haben wir die besten Aussichten, Schildkröten zu finden."
„Das, das, das hat die Maus auch gesagt."
Schweigend liefen wir weiter.

5. Kapitel

„Fennek?"
„Ja?"
„Wir sind schon so lange gelaufen. Ich habe Hunger."
„Hast du denn heute noch nichts gegessen?"
„Na ja, etwas Grünes, aber es schmeckte nicht, und so habe ich nicht viel davon gefressen. Können wir wieder so süße Blumen finden, die mir so geschmeckt haben?"
„Da vorne kommt etwas Gras, vielleicht wachsen da auch Blumen. Kannst du das Grüne da vorne sehen?"
„Nein, nur etwas undeutlich Dunkles. Ich glaube, meine Augen sind nicht so gut wie deine, das hat die Maus auch schon gesagt."
„Ja, gut sehen kannst du wirklich nicht, und außerdem bist du auch noch so klein und kannst nicht über alles drüberschauen."
„Nein, das ist es nicht, wir Schildkröten sehen nicht besonders gut. Ist das schlimm?"
„Nein, da gewöhnst du dich dran, und dann fällt es dir nicht mehr auf. Jetzt grübele nicht herum, da vorne beginnt das Gras."
„Ich möchte aber auch so gut sehen wie du!"
„Jetzt nerve mich nicht und komm!"
Bald hatte ich das Gras erreicht. Als ich kurz davor war, konnte ich es auch gut sehen, und das

reichte mir, ich mußte ja nicht besonders weit sehen. Ich war ja auch so langsam, da genügt es, das Stückchen vor mir scharf zu sehen. Das Gras war so schön weich und zart. Ich lief nach links und nach rechts, blieb stehen, lief hierhin, lief dorthin, hach, war das schön! Ich suchte nach Blumen und rief nach Fennek: „Siehst du keine Blumen? Du bist doch viel höher als ich, hilf mir suchen."
„Ja, weiter vorne leuchtet es etwas rot und auch gelb, komm mir nach, ich gehe langsam vor dir her."
Mmmmh, ich roch etwas, ich glaube riechen, riechen können wir Schildkröten gut! Das gefiel mir. Endlich etwas, was ich gut konnte. Da..., es leuchtete eine schöne rote Blume, und sie roch gut, nein, sie roch sehr stark, iih, sie roch schrecklich. Die schmeckte bestimmt auch so. Ich wollte es gar nicht erst probieren. Hier hat es doch auch gelb geleuchtet. Ja, nun sah ich auch gelbe Blumen und ging hin und tatsächlich, die rochen wieder ganz toll. Ich biß in den Stengel. Er war weich und leicht abzubeißen, und es war wieder Flüssigkeit drin! Ich war begeistert und aß gierig den Stengel, bis ich an die Blüte kam. Sie leuchtete gelb und duftete süß.
Plötzlich sah ich einen dunklen Schatten über mir und erschrak heftig. Ein Raubvogel? Hilfe. Gerade wollte ich nach Fennek rufen, da landete etwas Buntes auf meiner gelben Blume. Es hatte zwei Flügel, einen kleinen Kopf und zwei lange Stangen am Kopf. Das Ding klammerte sich an die Blume und wippte mit seinen Flügeln.
Ich schaute fasziniert zu.
Das Ding ging plötzlich wieder in die Luft und flog leicht und schwebend hin und her und landete wieder auf meiner Blume. Und wieder ging es in die Luft und flog schaukelnd auf und ab und landete wieder auf der gelben Blume.
„Fennek, schau her, was ist das? Das Ding ist so schön bunt, rot und gelb und blau, und es kann fliegen."
„Das ist bloß ein Schmetterling", brummte Fennek, „es lohnt sich nicht einmal, ihn zu fressen, da ist nichts dran."
„Aber Fennek! Du mußt doch nicht alles fressen. Schau wie hübsch er ist, er kann sogar in die Luft gehen und er macht mir keine Angst!"
„Fliegen ist keine Kunst... für einen Schmetterling."

„Hach, das muß schön sein, durch die Luft zu schweben und alles von oben zu sehen. Und die Tiere am Boden können einen nicht fressen."
„Ha, der hat auch kein leichtes Leben, die Schmetterlinge sind das Futter der kleinen Vögel. Die sind hundertmal schneller als ein Schmetterling und vertilgen die Schmetterlinge reihenweise."
„Oh, wie schade. Trotzdem, ich würde auch gerne fliegen können."
„Das kannst du aber nicht, dafür bist du zu schwer, und du hast keine Flügel. Mach dir nichts daraus, ich kann auch nicht fliegen und bin trotzdem glücklich."
„Du bist ja wenigstens schnell, der schnellste Jäger der Nacht, und was bin ich dagegen?"
„Du bist eine Schildkröte... und mein Freund."
„Naja, das ist ja auch schon was."
„Fennek, Fennek, können Schmetterlinge reden?"
„Du hast Ideen! Ich habe es noch nie probiert."
Vorsichtig kroch ich zu dem schönen bunten Schmetterling:
„Hallo, Schmetterling, kannst du mit mir reden? Hallo, verstehst du mich?"
„Ja, du kleine Schildkröte, ich verstehe dich und kann mit dir reden. Normalerweise bin ich immer in der Luft, und da kann ich mit keinem reden. Wir Schmetterlinge fliegen meist ziemlich allein durch die Gegend und können uns höchstens mit anderen Schmetterlingen unterhalten. Mit dir spreche ich aber gerne, vor dir habe ich auch keine Angst, daß du mich frißt. Weißt du, wir Schmetterlinge fliegen sehr langsam, und so sind wir dauernd in Gefahr, daß uns ein Vogel frißt. Deshalb fliegen wir ständig im Zickzack hin und her und bleiben so gut wie nie auf einem Platz stehen, so sind wir schwerer zu erwischen."
Schnell flog er wieder auf und ab und schwankte hin und her und landete wieder neben mir.
„Hey, ich find dich toll und schön bunt."
„Ja, das ist eine gute Tarnung. Wenn ich auf einer bunten Blume stillsitze, werde ich nicht so schnell entdeckt."
„Toll, und was machst du so, den ganzen Tag?"
„Ich suche immer schöne Blumen, die gut riechen, und sauge den süßen Nektar aus der Blüte, das ist mein Futter."

„Prima, endlich mal jemand, der keinen anderen auffrißt, hey ich mag dich."
„Danke, du bist auch sehr nett, aber warte, ich muß erst noch einmal durch die Luft tanzen. Du weißt ja, ich kann nicht stillsitzen, das ist zu gefährlich."
„Tirili, tirilo, ich tanze durch die Luft. Tirili, tirilo, ich tanze. Achtung, ich komme wieder."
„Du tanzt durch die Luft?"
„Ja, das sieht so aus. Manchmal trinke ich den Nektar einer bestimmten Blume, und dann wird mir ganz schwindelig, dann torkele ich durch die Luft, das sieht dann gar nicht nach einem Tanz aus. Aber sonst, sonst tanze ich. Aber... aber... ich tanze nur einen Sommer lang."
„Nur einen Sommer lang??"
„Ja, nur einen Sommer. Wenn der Sommer vorbei ist und es oft regnet, verkleben meine Flügel und ich kann nicht mehr fliegen. Und am Boden lauern dann gefährliche Tiere, die mich fressen können."
„Und wenn es nicht mehr regnet, dann kannst du doch wieder fliegen?"
„Ja, schon, aber bald gibt es keine blühenden Blumen mehr, und dann finde ich auch keinen Nektar mehr, und dann habe ich nichts mehr zu fressen und muß verhungern."
„Das ist aber traurig, und ich dachte gerade, du hättest das tollste Leben."
Wieder hob der Schmetterling ab und tanzte in hohem Bogen durch die Luft. Ich schaute begeistert hinterher.
„Ich finde es aber gar nicht so traurig. Wir Schmetterlinge tanzen einen schönen Sommer lang. Wir denken nicht an den Herbst oder Winter. Wir sind immer fröhlich, weil wir so durch die Lüfte schweben können. Also, kleine Schildkröte, du mußt über mich nicht traurig sein, mir geht es gut, und ich fliege zur nächsten Blume. Vielleicht treffe ich dich mal wieder. Ich bin den ganzen Sommer auf dieser Wiese, sie ist so groß und hat so viele Blumen. Bis bald, tirili, tirilo, tirili, tirilo."
„Mach's gut, Schmetterling!"
„He, Testudo, was quasselst du so herum?"
„Ich habe mit dem Schmetterling gesprochen, das war toll."
„Du hast mit einem Schmetterling gesprochen? Das habe ich auch noch nicht erlebt. Du bist ein komischer Kerl. Sprichst mit Schmetterlingen! Hast du was gefressen?"

„Nein, das habe ich ganz vergessen, warte einen Moment."
Schnell suchte ich die gelbe Blüte und fraß sie genüßlich. Die schmeckte und schmeckte, ich konnte nicht genug kriegen, und es dauerte eine ganze Weile, bis ich satt war. Fennek lag neben mir und bewegte sich nicht. Ich glaube, er schlief. Der arme Kerl opferte für mich seinen Schlaf, um mit mir durch die Gegend zu laufen. Er war mein Freund.
„Aufwachen, Fennek, es kann weitergehen!"
„Ja, bist du satt?"
„Ja, wollen wir weitergehen?"
„Einen Moment, Testudo, ich will erst nach der Sonne sehen."
„Warum?"
„Ich sehe am Stand der Sonne, wie spät es ist. Wenn die Sonne so weit unten ist wie jetzt und schon dunkelrot wird, dann ist es bald Abend, und es lohnt sich nicht, weiterzugehen."
„Aha."
„Es wird Zeit, für heute Schluß zu machen. Es wird bald Abend, Testudo. Pass auf, du bleibst in dieser Wiese, da vorne an dem kleinen Busch, dann weiß ich auch, wo ich dich morgen finde."
„Ja, das ist gut, in dieser Wiese bleibe ich gerne. Hier ist es schön, und es riecht gut, und zu fressen gibt es auch, und vielleicht treffe ich auch wieder solche... solche... Schmetterflieger."
„Schmetterlinge."
„Ja, meine ich doch."
„Fennek?"
„Ja?"
„Fennek, wo gehst du jetzt hin?"
„Das will ich dir erklären. Wir Füchse schlafen in einem Bau."
„In einem Bau?"
„Ja, das ist eine Höhle, die wir in die Erde graben, da sind wir vor Feinden geschützt, wenn wir den ganzen Tag schlafen. Und da laufe ich jetzt hin, ich bin ja schnell. Dann schlafe ich in der Höhle, bis es dunkel ist, dann wache ich von selbst auf und gehe auf die Jagd."
„Auf die Jagd? Im Dunkeln?"

„Ja, ich sehe nachts sehr gut, und ich höre noch viel besser. Ich kann hören, wenn sich eine Maus weit weg von mir bewegt, und dann finde ich sie. Aber ich fresse auch andere Tiere und Insekten. Aber davon erzähle ich dir heute lieber nichts, nachdem du deine Maus verloren hast."
„Ja, ich werde schon wieder ganz traurig."
„Fennek?"
„Ja?"
„Und du kommst morgen auch wieder?"
„Ja, ich bin doch dein Freund, und ich finde es lustiger, mit dir durch die Gegend zu laufen, als den ganzen Tag zu verschlafen."
„Da, bin ich aber froh, Fennek. Dann bis morgen."
„Bis morgen, Testudo."
Nun war ich wieder allein. Was war das für ein Tag! Mir fiel alles wieder ein, die häßliche Schlange, die lustige Maus und der wunderschöne Schmetterling. Ich schlief ein.

6. Kapitel

Ich wachte auf und war auf der herrlich duftenden Wiese. Die Sonne stand noch nicht so hoch, und ich wußte von Fennek, daß es noch früh am Morgen war. Es war auch noch nicht so heiß. Es war schön kühl, und die Wiese duftete herrlich. Ich lief ziellos hin und her, ich hatte ja nichts zu tun. Ich wartete auf Fennek, der aber erst viel später kommt. Ich roch hier und dort und spürte auch schon Hunger, und so suchte ich nach den schönsten Blumen.
Es summte und brummte in der Luft. Alle möglichen Tiere flogen durch die Luft, die ich noch nicht kannte. Sie waren kleiner als der Schmetterling und landeten auch immer auf den Blüten der Blumen. Ob sie auch Nektar saugten? Es war mir egal, ich schaute nach den schönen Blumen und sah plötzlich auch wieder einen Schmetterling, nein, ganz viele. Überall schwirrten sie rum und landeten und flogen wieder ab. Manche sahen so aus wie mein Schmetterling von gestern, und ich rief immer:

„Hallo, Schmetterling, kennst du mich noch?"
Aber keiner antwortete. Es waren wohl andere, es gab ja auch so viele. Ich fraß an einer besonders gut duftenden Blüte und war glücklich. Ich konnte mich satt fressen und hatte dann viel Zeit, um rumzulaufen. Hach, es ging mir richtig gut!
„Hallo, Schildkröte, du läufst so fröhlich rum."
Ein Schmetterling saß neben mir. Ich hatte ihn schon gesehen, da aber alle gleich aussahen, hatte ich schon keinen Versuch mehr unternommen, mit einem zu sprechen.
„Schmetterling, bist du es, der durch die Luft tanzt?"
„Ja, du erinnerst dich doch an mich?"
„Aber ja, du bist der einzige, der mit mir gesprochen hat. Ich habe schon viele Schmetterlinge heute angesprochen, aber keiner hat geantwortet."
„Mach dir nichts daraus, wir sind nicht gewöhnt, daß uns jemand anspricht, du weißt doch, wir sitzen nie still."
Und schon hob er wieder ab und tanzte durch die Luft. Dann landete er wieder neben mir.
„Ich habe dir doch gesagt, daß ich hier auf dieser Wiese bleibe. Schön, dich zu sehen. Ich muß weiter. Bis bald."
„Bis bald, Schmetterling. Es war schön, dich wiederzusehen."
Ich habe mich wirklich gefreut, den schönen Schmetterling zu sehen, und ich war froh, daß er noch lebte. Fröhlich ging ich weiter. Auf einmal bewegte sich etwas vor mir, und ich blieb stehen. Was war das denn? Es sah aus wie eine Schlange nur viel kleiner. Ich sah aber gar keinen Kopf, keine Augen, nur ein kleines Stückchen Schlange. Davor hatte ich keine Angst. Die Schlange schlängelte langsam hin und her als ob sie nicht wußte, was sie wollte. Das sah schon lustig aus.
„Hallo, was bist du für eine Schlange?"
„Hallo, hörst du mich?" rief ich lauter.
Nichts.
„Haaallo, Schlange, hörst du mich?" rief ich und ging ganz nahe an die Schlange ran. Plötzlich hörte ich ganz leise und dunkle Töne. Ich schob meinen Kopf ganz nahe an die Schlange ran, und jetzt verstand ich etwas. Die Stimme klang ganz dumpf und hohl und war sehr leise.

„Wer bist du?" fragte ich nochmal sehr laut.
„Meinst du mich?" kam es leise und ganz hohl zurück.
„Ja, wer bist du, Schlange?"
„Ich bin ein Regenwurm!"
„Ein Regenwurm? Keine Schlange?"
„Ich bin ein Regenwurm", kam es nochmal dumpf und hohl.
„Ein Regenwurm, und wo sind dein Kopf und deine Augen?"
„Ich bin ein Regenwurm, ich habe keinen Kopf und keine Augen!"
„Was, keinen Kopf und keine Augen? Und wie siehst du dann?"
„Ich bin ein Regenwurm, ich sehe nichts."
„Und und ... wo sind deine Beine?"
„Ich bin ein Regenwurm, ich habe keine Beine."
Oh je, oh je, das war aber ein schweres Gespräch. Der Wurm war weder besonders freundlich, noch gesprächig. Aber kein Wunder. Kein Kopf, keine Augen, keine Beine ... Ich wollte noch mehr wissen.
„Regenwurm?"
Nichts.
„Regenwurm!"
„Was bist du für ein Tier, das mit mir spricht? Willst du mich fressen? Ich kenne niemand, der mit mir spricht."
„Ich bin Testudo, eine Schildkröte."
„Oh je, dann ist mein Leben zu Ende."
„Aber nein, ich fresse keine Regenwürmer. Ich bin noch ein Baby, ich habe noch nie einen Regenwurm gesehen, und ich glaube, ich will auch keinen fressen. Du mußt also keine Angst haben."
„Ich habe keine Angst."
„Wieso nicht, Regenwurm, du willst doch auch lange leben, oder?"
„Ich bin ein Regenwurm, wir erwarten nicht viel vom Leben. Wir haben ein trauriges Leben", sagte der Wurm noch leiser, und es klang sehr sehr traurig.

„Trauriges Leben, wieso?"
„Warte, ich muß eine Pause machen, ich bin es nicht gewöhnt, zu reden. Warte."
„Laß dir Zeit, ich habe Zeit."
Es war lange Zeit still, und der Regenwurm bewegte sich leicht hin und her. Dann blieb er still liegen. Ich beugte meinen Kopf wieder ganz dicht vor, und dann hörte ich ihn wieder.
„Wir Regenwürmer leben fast die ganze Zeit unter der Erde. Deshalb, deshalb brauchen wir auch keine Augen und keine Beine. Ein dicker Kopf würde auch nur stören. Mit unserem spitzen Ende bohren wir uns in den Erdboden. Durch die schlängelnden Bewegungen kommen wir ganz langsam vorwärts. Wir sehen nichts, und wir hören fast nichts. Wir fressen nur Abfall, verfaulte Blätter und tote Insekten und so. Und, und ... wenn wir mal an die Erdoberfläche kommen, so wie jetzt, dann werden wir schnell gefressen."
Dieser arme Wurm! Ich hatte großes Mitleid mit ihm. Er konnte keine Blumen sehen und riechen, er konnte nicht richtig laufen, und lange leben tat er offenbar auch nicht.
Ich lauschte wieder, aber er sagte nichts mehr.
„Wurm, Wurm, sag was, ich will mit dir sprechen!"
„Du bist ein gutes Tier, Schildkröte, und du willst mich wirklich nicht fressen?"
„Nein, ich bin doch erst ein paar Tage alt, und ich habe niemanden, außer meinem Freund, den Wüstenfuchs, der aber nur mittags kommt. Ich bin froh, wenn ich mit jemand sprechen kann."
„Wir Regenwürmer sind aber keine guten Gesprächspartner, niemand spricht mit uns. Was haben wir auch schon zu erzählen?"
„Sei nicht so traurig."
„Ist schon gut, ich fresse mich wieder in den Boden. Sieh dich vor, wenn du noch so klein bist. Kleine Tiere haben viele Feinde."
„Ja, Regenwurm, das tu ich, mach's gut."
„Du auch, Schildkröte ... ich, ich hätte dich so gerne gesehen, aber du weißt ja, ... ich sehe nichts."
Er fing wieder an, sich hin und her zu bewegen, und sein spitzes Ende bohrte sich ganz allmählich in den Boden. Es dauerte und dauerte, und bald war er verschwunden. Es blieb nur ein kleines Häufchen Erde zurück.

Diese Begegnung machte mich traurig. Armer Wurm! Gegen ihn hatte ich ein tolles Leben. Ich konnte sehen, ich konnte laufen, ja ich war viel schneller als ein Regenwurm, ich war also nicht das lahmste Tier. Ich konnte riechen und bunte Blumen fressen, ich konnte in einen kühlen Bach laufen, ich konnte runterpurzeln und ... ich hatte Fennek, meinen Freund.
Juchhuh, das Leben war gar nicht so schlecht!
Ich lief ohne Ziel durch die Wiese. Ich mußte auf Fennek warten und sollte hier in der Wiese bleiben. Aber ich konnte doch schon etwas in die richtige Richtung laufen. Nur was war die richtige Richtung? Nach hinten blendete mich die helle Sonne, also lief ich weiter vorwärts. Um mich herum summte und brummte es wieder. Da wollten also noch viele andere Tiere an die schönen leuchtenden Blumen. Sie konnten alle fliegen, sahen aber nicht aus wie Schmetterlinge und waren auch viel kleiner. Es waren auch so viele, daß ich gar nicht wußte, mit wem ich sprechen könnte. Also ging ich weiter und immer weiter ...
Nach einer unendlich langen Zeit wurde der Boden härter und das Gras immer weniger. Dann folgte der heiße Sand, wo ich nicht so lange bleiben konnte, also ging ich am Rande entlang. Immer ein bißchen auf dem Sand und dann wieder ins Gras. So entfernte ich mich auch nicht so sehr von meiner Wiese. Von meiner Wiese? Ich hatte doch meinen kühlen Schatten-Busch-Platz. Ach, hier war es schöner. Gerade fing ich an, mich zu langweilen, da sah ich etwas vor mir im Sand. Eigentlich sah ich nur ein großes rotes Auge, der Rest war braun wie der Sand, und ich mußte schon genau hinsehen, um den Körper auch noch zu erkennen. Das Tier war niedriger als ich, und ich hatte keine Angst.
„He, Schildkröte, hast du noch nie einen Gecko gesehen?"
„Einen Gecko? Nein. Bist du ein Gecko?"
„Ja, ich bin Phelsuma, der große Taggecko."
„Aha, ich dachte, ich hätte schon wieder eine Schlange entdeckt."
„Eine Schlange? Siehst du nicht meine Beine? Ich bin ein ganz schneller Renner im Sand, dagegen ist eine Schlange ein lahmer Wurm. Und sieh dir meine schönen Augen an, damit sehe ich alles."
Plötzlich zuckte der Gecko zusammen:
„Ich muß weg, ein Fennek!"

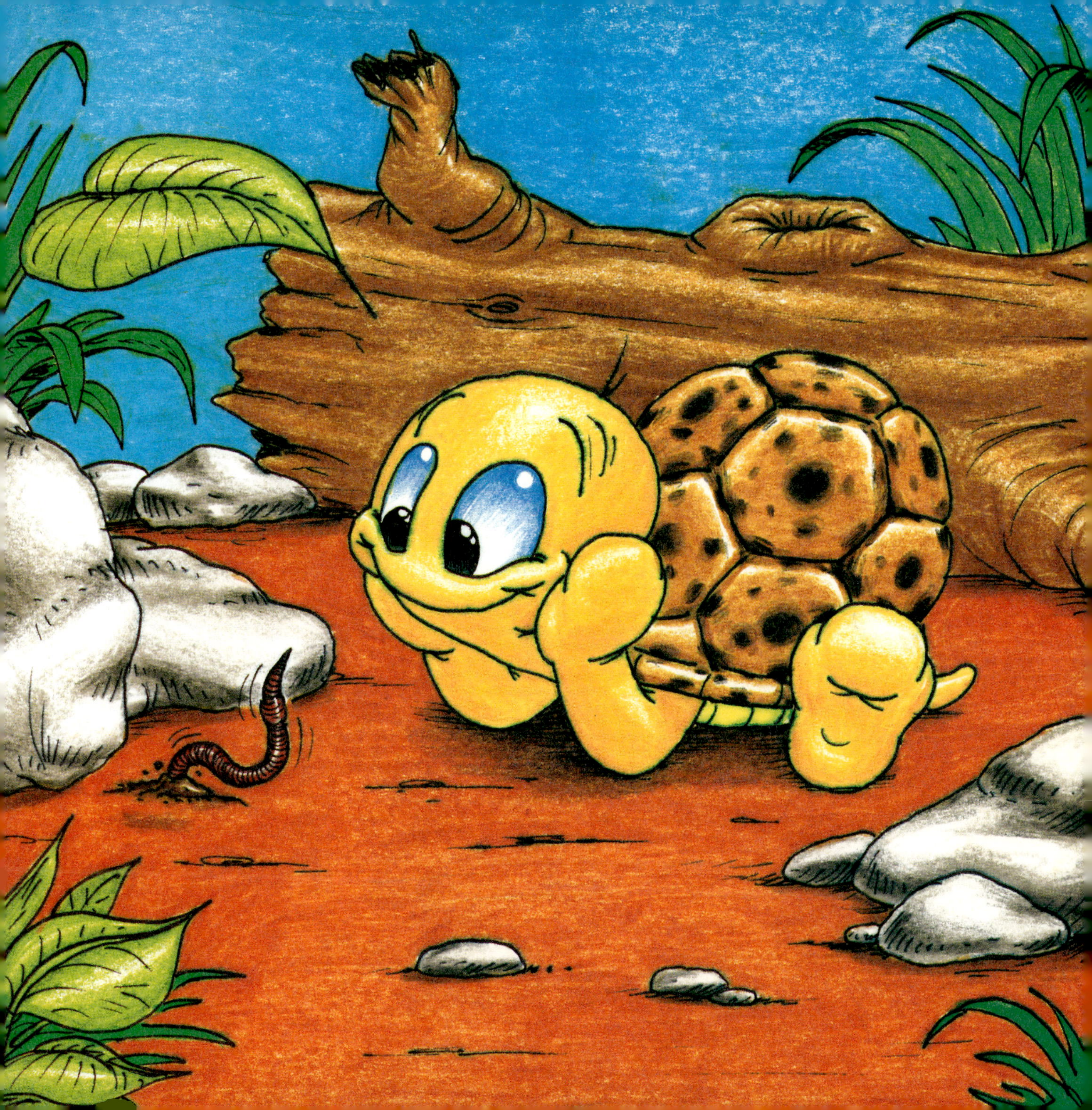

Er sauste los, so schnell habe ich noch keinen abhauen sehen. Es dauerte auch nicht lange, dann kam ein großer Schatten auf mich zu. Es war Fennek, und ich freute mich sehr.

„Hallo Fennek, da bist du ja, hast du mich lange gesucht?"

„Nein, du weißt doch, daß ich alles höre. Ich habe dich bewegen gehört und da war noch etwas bei dir."

„Toll, wie gut du hören kannst. Ich habe mit einem Gecko gesprochen, der ist aber schnell verschwunden, als er dich gesehen hat."

„Ha, ha, das kann ich verstehen. Wenn ich auf der Jagd gewesen wäre, hätte er noch so schnell laufen können, und ich hätte ihn erwischt. Aber ich wollte nur zu dir."

„Fennek, ich habe einen Regenwurm getroffen."

„Und, hast du ihn gefressen?"

„Nein, ich fresse keine Regenwürmer, igitt."

„Du bist aber einer. Alle Schildkröten fressen Würmer."

„Ich aber nicht. Warum sollte ich ihn fressen? Ich fresse doch Blumen."

„Ja, aber du mußt auch etwas anderes fressen, wenn du groß und stark werden willst. Eine Schildkröte wie du wird größer als ich und viele viele Jahre alt!"

„Was! Größer als du? Bist du sicher? Ich werde größer als du? Ich bleibe keine kleine Schildkröte?"

„Doch, du wirst größer als ich ... wenn du richtig frißt und nicht nur Gras!"

„Ich werde so richtig groß? Ich muß mich nicht dauernd vor irgend etwas fürchten? Größer als du? Ich werd verrückt!"

„Nun werde wieder normal. Bis du groß bist, das dauert noch lange, und du mußt noch viel erleben... und viel fressen!"

„Hmm, ...aber keine Regenwürmer! Der Regenwurm, mit dem ich gesprochen habe, war ganz traurig. Weißt du, Würmer haben keine Beine."

„Um so besser für dich, so kann er dir nicht entkommen."

„Ach, Fennek! Er hat auch keine Augen und keinen Kopf, er spricht fast nichts und keiner mag ihn."

„Ist ja gut. Als Futter sind sie aber ideal."

„Fennek! Jetzt werde ich aber traurig. Der Wurm war auch ganz traurig."

„Siehst du, Testudo, das hast du jetzt davon. Man spricht nicht mit einem Wurm. Nur du machst so was."
„Fennek?"
„Ja?"
„Ich werde größer als du? Und ich lebe lange? Weißt du, so ein Wurm lebt gar nicht lange... hat er gesagt. Und ein Schmetterling tanzt nur einen Sommer. Und ich, ich lebe lange?"
„Du? Du wirst uralt, viel älter als ich."
„Ich werde verrückt!"
„Mußt du nicht, dir kann noch viel passieren. Nicht alle Schildkröten werden so alt. Denke an deine Geschwister. Wer weiß, wie viele überlebt haben. Deine Geschwister! Wir müssen weitersuchen."
„Fennek, wie sieht eine Schildkröte wie ich aus, wenn sie groß ist? Und wie sehe ich überhaupt aus? Ich sehe immer nur die anderen und nie mich!"
„Weißt du, Testudo, ich habe eine Idee! Ich kenne ein großes Wasserloch. Da in der Nähe sind immer große Schildkröten, die kannst du dir ansehen."
„Oh ja, laß uns losgehen!"
„Ja, vielleicht können wir dann auch noch mehr erfahren, los geht's!"

Ich war ganz verwirrt, und mein Herz klopfte vor Aufregung. Ich werde eine große, schwere Schildkröte, und ich lebe lange. Wie lange? Das mußte ich die großen Schildkröten fragen, wenn ich sie treffe. Und was ich noch fressen soll und wo ich wohnen soll und ob sie wissen, wie ich meine Geschwister finde und und und... ich mußte noch soviel fragen.
Aber ich hatte ja auch noch Fennek.
„Fennek, wie lange dauert es noch bis zu dem Wasser?"
„Da muß ich überlegen. Ich alleine käme heute noch hin. Aber mit dir? Vielleicht morgen, wenn ich nicht so spät zu dir komme."
„Oh ja, schon morgen! Du mußt sehr früh kommen, Fennek!"
„Nun sei nicht so ungeduldig, lauf lieber etwas schneller, dann sind wir auch schneller da."
„Ja, jetzt will ich gerne schnell laufen."

Wir gingen und gingen und gingen, es wurde mir richtig heiß. Längst hatten wir meine schöne Wiese verlassen und liefen auf dem heißen Sand. Meine Füße brannten vom Laufen und von dem heißen Sand. Aber ich sagte nichts. Fennek mußte schon genug auf mich warten, und ich hatte schon ein schlechtes Gewissen.
„Fennek?" rief ich zaghaft. „Dauert es noch lange?"
„Ja."
„Ich bin aber müde!"
„Gut, wir machen eine Pause."
„Fennek, warum treffen wir keine anderen Tiere, wenn du bei mir bist?"
„Das ist doch klar. Diese kleinen Tiere, die du immer triffst, die haben alle Angst vor mir und verschwinden, wenn ich in der Nähe bin. Und Regenwürmer und Schmetterlinge treffen wir hier im Sand nicht. Die sind auf der feuchten Wiese, wo wir herkommen. Hier ist doch schon Wüste, und da gibt es andere Tiere. Viele davon sind aber nur nachts munter, wie ich, weil es da nicht so heiß ist."
„Hier ist es wirklich heiß!"
„Das stimmt, aber wir sind nur am Rande der Wüste. Weiter vorne gibt es schon wieder Büsche und Gestrüpp und auch etwas Gras. Bis dahin müssen wir noch. Dann suchen wir einen Schattenplatz für dich."
„Gut, Fennek, du bist so schlau."
Nach einer Weile kamen wir an ein Gebüsch, und es gab etwas Schatten.
Fennek kratzte mit seinen beiden Vorderbeinen etwas Sand beiseite, und es gab eine kleine Höhle unter dem Stein.
„So, da kannst du hineinkriechen und bist gut geschützt."
„Und dann?"
„Dann bleibst du hier über Nacht."
„Wir gehen nicht mehr weiter?"
„Nein, sieh doch selbst, die Sonne ist schon ganz unten, es wird bald dunkel, und hier ist gerade so ein schöner Platz für dich."

„Gut, Fennek, ich merke jetzt auch, wie müde ich bin. Aber du kommst doch morgen auch ganz früh, damit wir es bis zum Wasserloch schaffen?"
„Ja, ganz bestimmt, wir sind ja auch schon schön weit gekommen heute. Testudo, du mußt mir aber etwas versprechen!"
„Ja?"
„Du bleibst hier an dem Stein. Am besten unter dem Stein, bis ich wiederkomme."
„Aber warum?"
„Hier draußen am Rande der Wüste ist es gefährlich für dich. Du hast keinen Schutz, und jeder kann dich sehen. Und die sehen alle besser als du. Gerade die Raubvögel sehen hier im Sand jede Bewegung, und du willst doch alt und eine ganz große Schildkröte werden."
„Du hast recht, ... aber jetzt hast du mir Angst gemacht."
„Das kann nicht schaden, da wirst du auch nicht leichtsinnig und sprichst mit allen möglichen Tieren."
„Also gut, Fennek, ich bleibe hier in meinem Versteck. Dann bis morgen."
„Bis morgen."
Ich war so müde, die Augen fielen mir zu. Schon wieder so ein aufregender Tag. Ich war schon aufgeregt, wenn ich an morgen dachte. Ich werde eine große Schildkröte! Groß und mächtig und keiner konnte mir etwas tun. Ich war Testudo, die große Schildkröte.
Ich schlief ein.

7. Kapitel

Als ich aufwachte, dauerte es eine Weile, bis ich wieder wußte, wo ich war. Heute wollte ich unbedingt die großen Schildkröten sehen! Ich saß gut geschützt ein wenig unter einem großen Stein und konnte sehen, was um mich herum vorging. Die Sonne stand schon hoch am Himmel, aber es war mir nicht sehr warm unter dem Stein. So weit ich sehen konnte, gab es nur Sand.

Mir war langweilig, und ich konnte es kaum abwarten, daß etwas passierte. Aber ich sollte ja hier auf Fennek warten und nicht weglaufen. War das langweilig!
Es dauerte unendlich lange, und ich wollte einige Male aus meinem Versteck kriechen, hatte dann aber doch Angst und blieb sitzen. So langsam hatte ich aber schon Hunger und Durst.
Endlich kam Fennek. Er stand plötzlich vor mir, ich hatte ihn überhaupt nicht gehört.
„Hallo, Testudo, es kann losgehen."
„Fennek, ich habe Hunger und Durst."
„Dann laß uns losgehen, hier gibt es für dich nichts zu fressen und schon gar nichts zu trinken. Auf unserem Weg werden wir sicher etwas Gras für dich finden. Aber trinken, trinken kannst du erst am Wasserloch."
„Oh je, oh je, dann nichts wie los."
Und wieder begann ein langer Marsch. Ich war durstig, und Fennek ging so schnell. Aber ich wollte nichts sagen, ich wollte zu den großen Schildkröten! Nach einer langen, langen Zeit sagte ich:
„Fennek, ich bin müde."
„Ich auch, ich habe heute noch nicht geschlafen, damit ich früh bei dir bin. Ich könnte auf der Stelle einschlafen."
„Bloß nicht, wir wollen doch heute noch zu dem Wasserloch!"
„Das werden wir auch, es ist gar nicht mehr so weit."
„Ja?"
„Ja, ich kann es schon riechen und hören."
„Riechen und hören", fragte ich.
„Ja, das Wasserloch ist normalerweise ein großer See, doch jetzt in der heißen Sommerzeit ist er fast vertrocknet, und es ist nur noch wenig Wasser da, und das stinkt etwas. Wenn der Wind zu mir weht, dann rieche ich das. Und hören ... hören tu ich die anderen Tiere, die dort sind. Die Büffel und Hirsche und Elefanten, ich höre die Tritte auf dem Boden. Es sind heute viele Tiere da."
„Toll, Fennek, was du alles hörst. Was sind Büffel, Hirsche und und ... das andere?"
„Das sind große Tiere, du wirst sie selbst sehen, sie sind viel größer als ich."

„Größer als du? Da bekomme ich Angst."
„Das ist nicht nötig. Du bist so klein, die bemerken dich gar nicht. Für mich interessieren die sich auch nicht, für die bin ich viel zu schnell. Außerdem, die Elefanten und Büffel und die Hirsche fressen alle nur Grünzeug und keine Tiere."
„Toll, die gefallen mir jetzt schon!"
„Trotzdem mußt du sehr aufpassen, die sind so groß, daß ihr Fuß größer ist als du, und wenn ein Elefant auf dich drauftritt, dann bist du platt und tot."
„Oh je, dann muß ich schnell weglaufen, wenn einer nach mir tritt."
„Ha, das geht schneller als du laufen kannst. Du darfst denen einfach nicht zu nahe kommen. Merk dir das! Am besten für dein ganzes Leben. Komme diesen großen Tieren nicht zu nahe. Sie bemerken dich nicht und können dich zertreten."
„Gut, gut, laß uns weitergehen, ich rieche und höre nämlich noch gar nichts."
Nach einer Weile ging es leicht bergab, und der Boden wurde hart wie Stein. Ich roch auch etwas.
„Wir sind da", sagte Fennek.
„Wo ist denn das Wasser?"
„Siehst du es da vorne hell glänzen?"
„Ja."
„Das ist das Wasser. Da sind aber eine Menge Tiere. Wir müssen uns eine freie Stelle suchen, damit du nicht unter die Beine der großen Tiere gerätst. Gehe hinter mir her."
Es ging wieder bergab, und ich hatte etwas Angst, daß ich wieder einmal den Berg hinunter kullerte. Aber es ging doch. Dann stand ich plötzlich am Wasser. Es war nicht so hell, wie der Bach, an dem ich mit der Maus war, aber es war Wasser, und ich hatte Durst.
„Fennek, kann ich das trinken, es stinkt so?"
„Ja, ja, das geht schon, nun beeil dich. Wir wollen nicht zu lange bleiben."
Ich ging noch ein paar kleine Schritte, bis meine Füße naß wurden. Ach, das war wieder ein tolles Gefühl. Ich sah nach unten ...und erschrak! Ich sah einen Kopf! Aber was war das? Der bewegte sich wie ich!
„Hilfe, Fennek, was ist das?"

„Was?"
„Ich seh was, im Wasser. Es bewegt sich, wenn ich mich bewege!"
„Du Dummkopf, das ist dein Spiegelbild."
„Mein Spiegelbild?"
„Ja, hast du dich noch nie gesehen?"
„Nein. Das bin ich?"
„Aber ja doch!"

Ich schaute wieder ins Wasser. Ich sah mich! Das war also ich, Testudo, die Schildkröte. Ich sah meinen hellbraunen Kopf, meine Augen, meinen Mund. Ich sah meinen hohen Panzer, der war auch gelb mit braunen Flecken. Ich sah meine Beine. Es war alles da. Besser als jeder Wurm oder jede Schlange. Ich war zufrieden und konnte mich gar nicht satt sehen.

Ich lief einen Schritt zur Seite, mein Spiegelbild ging mit. Ich ging rückwärts und schielte ins Wasser. Mein Bild ging auch zurück. Toll. Ich war völlig aus dem Häuschen.

So sah ich aus.

Toll, aber ich war noch ganz schön klein. Das Bild von Fennek neben mir war viel größer.

Ich konnte gar nicht aufhören und hob ein Bein und schaute dabei ins Wasser. Mein Bild hob auch das Bein, und so langsam glaubte ich, daß ich das war, was ich da im Wasser sah.

„Nun trink endlich!" mahnte Fennek.

Daran hatte ich gar nicht mehr gedacht, und so trank ich schnell etwas. Aber es schmeckte mir nicht besonders. Das frische Wasser am Bach war besser. Egal, ich hatte Durst und trank weiter. Ich tauchte meinen Kopf wieder lange unter Wasser, das kühlte mich schön ab.

„Fennek, es ist schön hier."

„Von wegen, da drüben sind alle möglichen Raubtiere, wir sollten schnell verschwinden und ... Achtung, da kommt ein Elefant direkt auf uns zu. Bleib still sitzen. Er wird dich nicht sehen. Ich laufe nur ein paar Schritte weg, weil ich größer bin, und er mich sieht. Bis gleich."

Weg war er, der Fennek. Mir klopfte wieder furchtbar das Herz, und ich zog vor Angst den Kopf und die Beine ein. Plötzlich zitterte der Erdboden. Ich hörte schwere Schritte! Ich konnte nicht anders, das mußte ich sehen. Ich schob meinen Kopf aus dem Panzer.

Du heiliger Panzer! Was war denn das? Neben mir stand ein riesiges rundes, graues Ding. Es war viel viel höher als ich. Ich schielte nach oben. Nach der runden Säule kam ein riesiger Bauch, und es ging noch höher! Weiter oben begann ein riesiger Kopf mit riesengroßen Flügeln am Kopf. So etwas Großes hatte ich noch nie gesehen. Mein Herz raste, und mir wurde ganz komisch. Das war bestimmt so ein Hirsch oder Büffel oder so, was mich tottreten konnte. Ich zog schnell wieder den Kopf ein und dachte nichts mehr.

Plötzlich zitterte der Boden, und dann platschte etwas schwer ins Wasser. Ich wurde ganz naß! Schnell schaute ich nach, was los war. Das Tier war tatsächlich ins Wasser gefallen. Ich sah nur noch den Rücken und den Kopf mit den Flügeln daran und ein großes Auge.

Jetzt aber nichts wie weg!

Ich drehte mich herum und lief so schnell wie ich konnte bergauf wo wir hergekommen waren. Mein Herz schlug wie ein Hammer, ich lief und lief, und ich kam gar nicht vorwärts. Es dauerte ewig, und es ging immer bergauf.

„Schnell, hinter mir her!" Plötzlich war Fennek vor mir und ich immer hinterher!

„Fennek, Fennek, ich sterbe!"

„Komm, hier fängt etwas Gras an, da bist du gut versteckt."

Nach einer weiteren Ewigkeit stolperte ich in trockenes Gras, und es kam auch gleich ein Gebüsch. Ich blieb stehen. Fennek war neben mir. Lange Zeit konnte ich nicht reden.

„Was war denn das, Fennek?"

„Das war ein Elefant."

„Was für ein Riese, aber er ist ins Wasser gefallen."

„Aber nein, er ist von selbst hineingegangen und kühlt sich ab. Er bleibt im Wasser stehen, saugt es mit seinem Rüssel ein und schüttet es über seinem Rücken wieder aus. So kühlt er sich ab. Trinken tut er dabei auch."

„Aha, und von mir wollte er nichts?"

„Ach, der hat dich doch gar nicht gesehen. Du bist doch nur so groß wie sein Fußzeh!"

„Und wenn er mich gesehen hätte?"

„Dann hätte er dir auch nichts gemacht, was soll er mit dir? Ein Elefant ist ein friedliches Tier.

Er frißt die Blätter von den Bäumen."
„Schön, ein Elefant, ein schönes braves Tier."
Ich war fix und fertig und schwieg lange.
„Und wo sind nun die großen Schildkröten?"
„Aha, du bist wieder da! Die Schildkröten werden sich irgendwo hier in der Nähe aufhalten. Denen geht es wie dir. Sie müssen sich vor den großen Tieren in acht nehmen, und sie trinken auch nur ganz selten. Sie werden auch irgendwo im Schatten sein."
„Und wie finden wir sie?"
„Entweder wir suchen hier, oder wir warten einfach, bis sie hierher kommen."
„Das kann aber dauern, Fennek. Könntest du nicht einmal die Gegend absuchen, du bist doch so schnell?"
„Also gut. Du wartest hier, ich schnüffele einmal so durch die Gegend. Bis gleich."
Es dauerte gar nicht lange, da kam Fennek wieder zurück. Ich war unheimlich gespannt.
„Wir haben Glück, nur ganz wenig entfernt schlafen zwei große Schildkröten, die sehen ungefähr so aus wie du."
„Ja, wirklich? Los, los, los!"
Ich beeilte mich, hinter Fennek herzulaufen. Du mein harter Panzer, ich werde meine Verwandten sehen! Dann war es geschafft. Ich stand staunend vor zwei riesengroßen Schildkröten. Sie schienen zu schlafen. Die Köpfe und die Beine waren eingezogen. Sie waren so groß, daß ich eine Weile brauchte, um um sie herumzulaufen. Sie sahen so mächtig und ruhig aus. So wollte ich auch werden!
„Fennek, sie sind aber sehr groß. Ob ich sie wecken kann?"
„Du mußt es versuchen, wenn ich an ihnen herumschnüffle, werden sie vor Angst nicht den Kopf aus dem Panzer strecken."
„Hallo Schildkröten!"
„Haaaallo!"
Nichts.
„Hallo!"

Langsam bewegte sich eine der beiden Schildkröten, und der Kopf kam hervor. Die Augen waren noch geschlossen. Die Lider gingen hoch, und die Schildkröte schaute mich an. Der Kopf sah ziemlich alt und runzlig aus.
„Was schreist du so herum, wer bist du?"
„Ich, ich bin doch eine Schildkröte wie du."
„Das sehe ich, kein Grund, mich zu wecken!" Sie zog den Kopf wieder ein. Da meldete sich die zweite Schildkröte:
„Mach dir nichts daraus, er ist ein alter Mann und schläft immer am heißen Nachmittag. Und wer bist du?"
„Ich bin eine Schildkröte wie du und erst wenige Tage alt, und ich habe euch gesucht."
„Das stimmt, du bist wirklich eine Schildkröte wie wir. Wir sind Panther-Schildkröten und werden am größten von allen Schildkröten hier in der Gegend."
„Toll, werde ich auch so groß wie du?"
„Aber ja, du bist auch eine Panther-Schildkröte, und wenn du gut auf dich aufpaßt, wirst du so groß wie wir beiden hier und sehr sehr alt."
„Das gefällt mir. Ich will schnell groß werden und eine mächtige Panther-Schildkröte werden. Warum heißen wir Panther-Schildkröten?"
„Weil wir dieselbe Farbe und Flecken haben wie ein Panther. Ein Panther ist eine große und starke Katze."
„Gibt es auch andere Schildkröten hier?"
„Ja, es gibt andere Arten, aber die werden alle nicht so groß wie wir. Es gibt kleine braune Schildkröten. Die leben aber nur in feuchten Gebieten und sprechen auch eine andere Sprache."
„Toll, und gibt es noch mehr Schildkröten?"
„Ja, oben in den Bergen gibt es noch eine ganz kleine Art, die leben aber nur in den Felsspalten. Die haben auch eine andere Sprache, und sie kommen fast nie hier herunter. Und da oben in den Bergen ist es uns zu kühl. Ich habe sie auch nur einmal gesehen.

Die sehen auch ganz komisch aus, ganz flach und so."
„Du weißt so viel, wie mein Freund Fennek hier."
„Ich habe ihn schon gesehen, er ist wirklich dein Freund?"
„Ja, er beschützt mich und hilft mir, Wasser zu finden, und hat auch euch für mich gesucht."
„Da hast du aber Glück. So einen starken und schlauen Freund zu haben, das hilft dir zu überleben. Die Fenneks sind auch keine Feinde der Schildkröten, und wenn du erst mal so groß und alt bist wie ich, hast du auch immer weniger Feinde und einen großen harten Panzer, der dich schützt.
„Ich bin froh, von dir was zu lernen, du weißt wirklich alles."
„Nun, Kleiner, ich bin auch über dreißig Jahre alt."
„Was ist das, Jahre?"
„Ach so, das weißt du ja auch noch nicht. Ein Jahr, das dauert lange. Da geht über dreihundertmal die Sonne unter und morgens wieder auf. Wie oft hast du das erlebt?"
„Eh, etwa zwei oder dreimal."
„Ha, ha, das ist noch gar nichts. Über dreihundertmal ist ein Jahr. Eine Hälfte des Jahres ist es heiß, so wie jetzt, die Sonne scheint, und es ist trocken, und du findest kein Wasser und nur selten grünes Gras."
„Und die andere Hälfte?"
„Das wirst du bald erleben. Die andere Hälfte ist nicht mehr so heiß. Die Sonne scheint weniger, und sie geht auch früher unter, der Tag ist viel kürzer und es regnet."
„Was ist das, regnet?"
„Du wirst es bald erleben, da fällt Wasser vom Himmel."
„Wirklich? Wasser von oben?"
„Ja, dann ist es schön feucht, in jedem Loch ist Wasser, du hast nie Durst, und das saftige grüne Gras wächst überall."
„Das muß schön sein."
„Ja schon, Kleiner, aber du mußt noch was wissen."
„Was?"

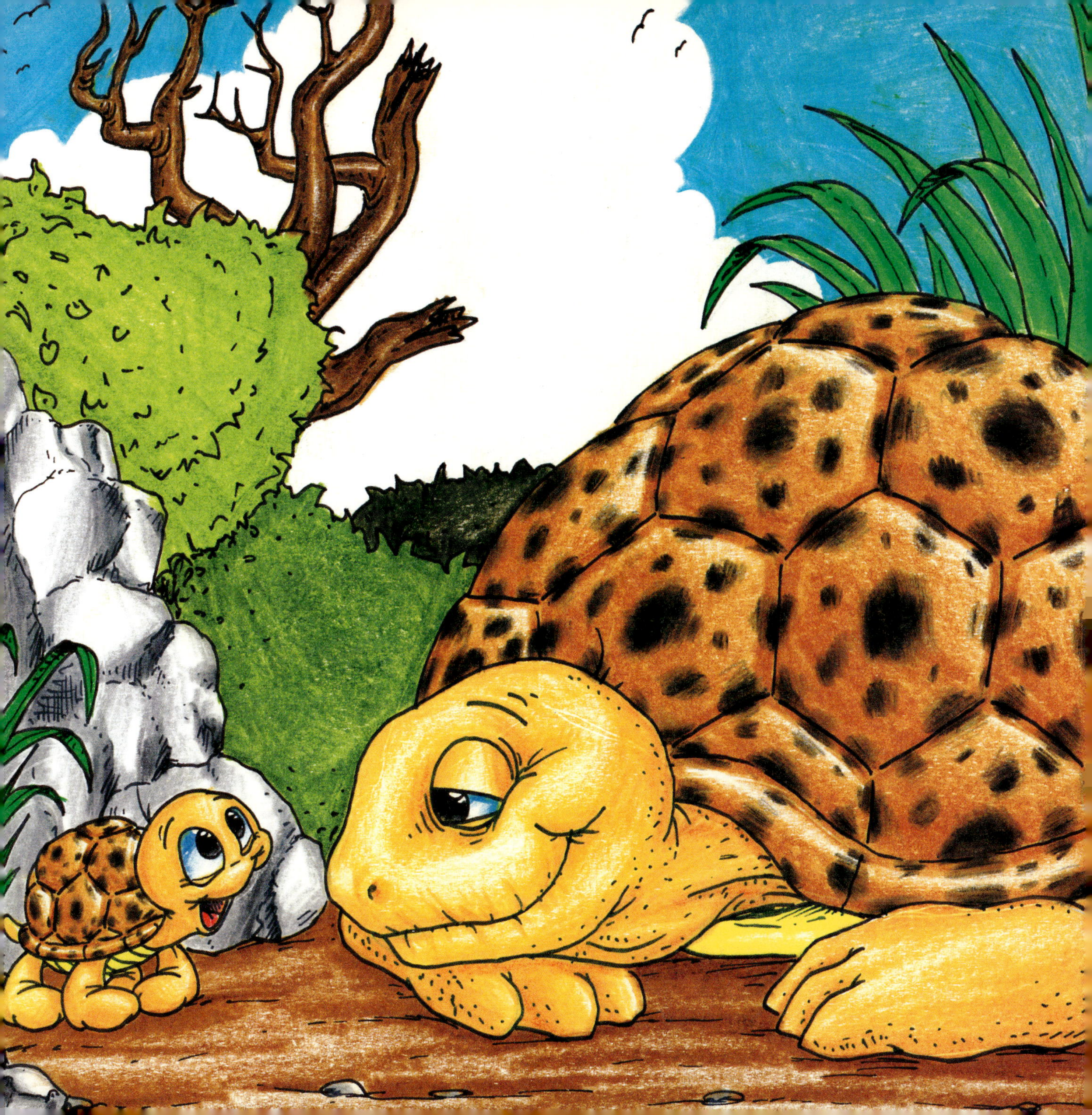

„Wenn es kälter ist, sind wir Schildkröten müde und können uns wenig bewegen. Wir schlafen dann sehr viel und haben wenig Lust, uns zu bewegen. Wir wachen morgens spät auf, weil es noch so kalt ist. Erst gegen Mittag, wenn ein wenig die Sonne scheint, werden wir munter und fressen auch etwas. Aber es wird schnell wieder dunkel, und wir schlafen dann wieder."

„Das sind aber kurze Tage."

„Ja, man nennt das Winter."

„He, Kleiner, dein Fennek ist eingeschlafen!"

„Ja, er schläft ja immer bei Tage, er ist nur wegen mir wach geblieben."

„Einen guten Freund hast du."

„Ja, große Pantherschildkröte, eh ... hast du einen Namen?"

„Nein, wir geben uns eigentlich keine Namen, wir leben ja meistens allein. Nur der Alte hier neben mir ist bei mir geblieben. Unser wissenschaftlicher Name ist Pardalis."

„Dann werde ich dich große Pardalis nennen."

„Wie du willst, Kleiner."

„Der Fennek nennt mich Testudo."

„So, so, Testudo, naja, das ist ja gar nicht so falsch. Das ist der Name für alle Schildkröten-Arten."

„Große Pardalis, ich bin froh, daß wir dich, eh euch gefunden haben. Gibt es noch andere Schildkröten?"

„Oh es gibt weit drinnen in der Wüste noch eine riesengroße Schildkröten-Art, die sind noch viel größer als wir."

„Noch größer?"

„Ja, sie leben in der Wüste und graben sich tiefe Höhlen, wo sie im heißen Sommer fast das halbe Jahr verschlafen, und sie fressen nur verdorrtes Gras."

„Toll ... aber ich habe gemeint, ob es hier noch kleine Schildkröten gibt ... so wie mich?"

„Ach so, das weiß ich nicht. Ich habe keine gesehen in diesem Jahr. Du bist die erste kleine Pardalis, die ich seit einigen Jahren gesehen habe. Das hat aber nichts zu bedeuten."

„Wieso?"

„Das Land hier ist so groß und gefährlich. Wenn da zwanzig kleine Schildkröten aus der Erde schlüpfen, da werden dann oft schon zehn oder fünfzehn von den Adlern gefressen."

„Ja, ja, das habe ich gemerkt. Als ich aus der Erde schlüpfte, zusammen mit meinen Geschwistern, da sind auch große Vögel gekommen und haben meine Geschwister weggeschleppt. Ich habe keinen wiedergesehen."

„Sei nicht traurig, einige bleiben immer am Leben, so wie du. Die Vögel können immer nur eine Schildkröte wegschleppen."

„Da bin ich aber froh, du meinst, ich habe noch Geschwister, die leben?"

„Ganz bestimmt!"

„Die will ich suchen."

„Das wird aber schwer für dich werden. Die laufen sicher so alleine wie du durch die Gegend und haben keinen Freund, der sie beschützt."

„Ja, ich habe es gut. Aber wo soll ich suchen? Ich möchte sie so gerne finden."

„Wo warst du am liebsten und wo hast du dich sicher gefühlt?"

„Ich war in einer schönen großen und saftigen Wiese mit vielen Blumen zum Fressen, da war es schön. Es gab Schmetterlinge und Regenwürmer, und ich konnte mich gut verstecken."

„Siehst du, da mußt du suchen. Deine Geschwister werden sich auch gerne im hohen Gras verstecken und Blumen und Würmer fressen."

„Ja! Da muß ich ja wieder zurück und weg von hier?"

„Ja, das mußt du wohl."

„Aber wollt ihr beiden nicht mit mir gehen und die Wiese suchen?"

„Nein, wir großen Panther-Schildkröten brauchen den Schutz der Wiese nicht. Uns kann nicht mehr viel passieren. Deshalb leben wir hier in der Nähe des Wasserlochs und am Rande der Wüste. Hier finden wir großen Schildkröten auch unser Futter. Wir leben schon viele Jahre hier, und wir laufen auch ganz schön in der Gegend rum."

„Schade, von dir kann ich noch so viel lernen, große Pardalis!"

„Ja, aber du kannst ja noch eine Zeit hierbleiben und mich fragen. Wenn du genug weißt, kannst du mit deinem Fennek auf die Suche gehen. Und wenn du gefunden hast, was du suchst, kannst du uns ja besuchen kommen."

„Ja. So könnte es gehen. Jetzt bin ich aber sehr müde. Ich muß schlafen. Und ich muß mit Fennek sprechen."

8. Kapitel

Haach, war das schön! Ich konnte ein paar Tage bei den großen Pantherschildkröten bleiben und viel lernen, lernen, lernen. Meinem Freund Fennek hatte ich erklärt, daß ich hier einiges lernen wollte und daß ich hierbleiben wollte, bis ich alles weiß, was Pantherschildkröten wissen mußten. Dem Fennek war das offenbar sehr recht. Es war ja auch anstrengend für ihn, am Tag mit mir durch die Gegend zu schleichen, wo er doch lieber schlafen wollte. Ich hatte ihn aber gebeten, bald wiederzukommen, damit wir meine Geschwister suchen könnten, denn das hatte ich nicht vergessen: wir wollten meine Brüder und Schwestern suchen. Aber erst wollte ich noch sooo viel wissen.

Ich hatte zwischen den großen Pantherschildkröten geschlafen und hatte gar keine Angst. Ich fühlte mich ganz sicher bei meinen großen Verwandten. Nun war ich wach und fühlte mich toll. Die Sonne schien, doch wir waren am Waldrand im Schatten und es war alles herrlich. Ich lief langsam um die beiden großen Schildkröten rum. Sie waren ja so groß! Sie hatten ihre Köpfe und Beine eingezogen und schliefen noch. Ich lief noch einmal um sie rum.

„Hallo, aufwachen, es ist Tag!"

Es rührte sich nichts.

„Hallo, aufwachen, die Sonne scheint, ich möchte etwas erleben!"

Nichts.

Ich lief etwas rum und fraß von dem Gras. Aber es schmeckte nicht so toll wie auf meiner Blumenwiese. Trotzdem fraß ich weiter, ich hatte ja schon Hunger, aber das Gras war zäh und trocken, so daß ich bald die Lust verlor. Ich ging wieder zu den großen Schildkröten.

„Heh, aufwachen! Aaaaufwachen!"

Endlich rührte sich die große Pardalis. Ich konnte sie gut unterscheiden, weil sie noch größer als der alte Schildkrötenmann war, und außerdem war sie viel schöner. Der alte Mann sah schon ziemlich kaputt aus, sein Panzer war nicht so schön gelb und schwarz, und er hatte auch viele Kratzer und sogar Löcher!
„Na, kleiner Testudo, schon wach?"
„Ja, schon lange, ich habe schon von dem Gras gefressen, aber es schmeckt mir nicht."
„Ja, ja, es ist nicht besonders, aber man kann sich daran gewöhnen, wir kennen schon gar nichts anderes mehr, außerdem finden wir hier auch noch anderes Futter."
„So, welches denn?"
„Du hast aber schon viele Fragen am frühen Morgen, Kleiner!"
„Ich warte ja auch schon lange auf dich!"
„Also gut, ich will es dir sagen, auf dieser Wiese finden wir viele kleine Tiere, wie Schnecken und Regenwürmer."
„Regenwürmer, kenn ich!" rief ich sofort.
„Sie sind ein gutes Futter."
„Nein, nein!" rief ich, „die tun mir leid, die armen Würmer. Sie sind so traurig und haben keine Freunde. Sie sehen nichts, sie haben keine Beine und und und..."
„Ist ja schon gut, woher weißt du das alles?"
„Ich habe mit einem gesprochen, der war ganz traurig."
„Du hast mit ihm gesprochen? Du hast ihn nicht gefressen?"
„Igitt, ich kann doch nichts fressen, was sich bewegt! Außerdem war er so traurig, weil er so ein kurzes Leben hat."
„Du bist aber ein komischer Kerl, sprichst mit den Würmern. Fressen sollst du sie. Auch Schnecken und Raupen leben und bewegen sich und sind trotzdem unser Futter."
„Igitt!" sagte ich entsetzt.
„Naja, du wirst es noch lernen. Es gibt ja noch mehr zu fressen. Ich werde es dir zeigen. Gerade kleine Tiere müssen gut fressen, damit sie richtig wachsen. Dein Panzer braucht Kalk, damit er wächst."
„Kalk?"

„Ja, Kalk, den bekommst du automatisch, wenn du alles frißt, was ich dir sage. Gut ist es auch, auf Knochen von toten Tieren rumzubeißen und zu lutschen. Die Knochen sind aus Kalk und so bekommst du dein Kalk."
„Iiih, Knochen von toten Tieren? Was für Tiere?"
„Zum Beispiel Mäuse und kleine Vögel und was sonst noch so herumliegt."
„Naja, ich kann's ja mal versuchen", sagte ich wenig begeistert.
„Du, große Pardalis?"
„Ja?"
„Dein Pardalis-Mann wird ja gar nicht wach."
„Er schläft gerne lange, weißt du, Testudo, er ist wirklich schon sehr alt und hat schon viel erlebt."
„Aha," sagte ich, „aber ich habe etwas Angst vor ihm, er ist so brummig."
„Du mußt keine Angst haben, er ist gar nicht so, wenn er wach ist. Nur im Schlaf stören sollte man ihn nicht."
Eine Weile schwiegen wir beide, dann sagte die große Pardalis: „Komm, wir laufen etwas durch das Gras und suchen Futter."
Sie erhob sich. Meine Güte, da war sie ja noch größer! Ich hätte glatt unter ihr durchlaufen können. Ich war sehr erschrocken. So groß wollte ich auch mal werden und möglichst bald.
Wir liefen etwas in Richtung Wald, es wurde etwas kühler und feuchter, und auch das Gras war saftiger. Wir fraßen etwas, aber es wurde mir bald langweilig, ich war ja schon satt.
„Mir ist langweilig, große Pardalis."
„Ja, ja, ihr jungen Hüpfer, immer auf der Suche nach einem Abenteuer. Wir gehen wieder zu dem alten Mann, vielleicht ist er schon wach."
Und tatsächlich, er war wach und fraß ebenfalls von dem zähen trocknen Gras.
„Hallo, da ist ja der Kleine wieder", sagte er mit dumpfer Stimme.
„Hallo, große Pantherschildkröte, ich bin noch da und will auch ein bißchen bei euch bleiben und etwas lernen."
„Das ist aber schön, ich habe schon lange keine kleine Pantherschildkröte mehr gesehen, du gefällst mir."

„Ja? Das freut mich, du gefällst mir auch, du bist auch so schön groß."
„Naja, das kommt automatisch, wenn man lange lebt und alle Gefahren übersteht, dann wird man alt und auch groß, das ist keine besondere Kunst."
„Hast du schon viele Gefahren überstanden?" fragte ich.
„Oh ja, ich habe schon über dreißig Winter und Sommer erlebt und habe schon viel Glück gehabt, sonst wäre ich schon tot."
„Toll, erzähl mir mal von einer Gefahr!"
„So toll war das gar nicht. Einmal, als ich schon groß war, wollte ein Löwe unbedingt mit mir spielen, oder er hatte Hunger. Er warf mich jedenfalls mit seinen großen Pranken hin und her, und ich kullerte durch die Gegend und knallte gegen die Felsen, daß mein Panzer fast zerbrach. Das war aber nicht alles, das hatte ich schon öfter bei jungen Löwen erlebt. Aber irgendwann war es vorbei und ich hatte meine Ruhe und ich dachte, er wäre weg. War er aber nicht."
„Ja und, was dann?" fragte ich ganz aufgeregt.
„Ich streckte meine Beine vorsichtig aus dem Panzer und wollte gerade den Kopf rausstrecken, da spürte ich einen furchtbaren Schmerz an meinem Fuß, hinten links.
„Ohje, ohje, und was dann? Erzähl weiter!"
„Der Löwe hatte hinter mir gelegen und mit seiner Pranke auf meinen Fuß geschlagen, der dann ganz schön zerfetzt war. Schau dir meinen Fuß an, da fehlt die Hälfte!"
„Ach du heiliger Panzer!"
Ich lief um ihn rum nach hinten. Er hatte seine Beine ausgestreckt und ich sah seinen kaputten Fuß. Da fehlte tatsächlich einiges!
„Du Ärmster, das tut sicher weh?"
„Jetzt nicht mehr, aber am Anfang. Damals habe ich dazugelernt. Wenn ein Tier an dir herumkratzt, dann zieh alles ein und vor allem... warte lange, lange, bis du wieder mit etwas aus dem Panzer kommst. Wenn du lange im Panzer versteckt bleibst, wird es den meisten Tieren zu langweilig, und sie gehen weg. Wenn ich zuerst den Kopf rausgestreckt hätte, wäre er weg gewesen und ich tot. Also niemals zuerst den Kopf rausstrecken!"
„Das werde ich mir merken." Ich war ganz erschrocken.

Die große Pardalis sagte: „So viel hast du aber schon lange nicht mehr gesprochen, alter Mann."
„Naja, der Kleine gefällt mir auch, und da soll er von uns etwas lernen, damit er alt und groß wird."
Das gefiel mir. Und überhaupt, der alte Mann gefiel mir auch. Er war gar nicht so brummig. Bei den beiden wollte ich eine Weile bleiben.
So vergingen einige Tage. Ich fühlte mich ganz riesig. Ich hatte überhaupt keine Angst. Wir fraßen von dem blöden Gras und lagen langweilig in der Sonne herum, und wenn es zu heiß wurde, gingen wir in den Schatten, und wenn es dunkel wurde, schliefen wir nebeneinander ein, und wenn es hell wurde, wurden wir wach und und und .... und es wurde mir langweilig!
Dem Panzer sei Dank, irgendwann kam endlich Fennek. Ich hatte ihn schon so vermißt!
„Hallo Testudo, da bin ich wieder!"
„Hallo Fennek, wie schön, daß du wieder da bist. Ich muß dir so viel erzählen, ich weiß schon so viel, ich weiß was Winter ist und was Regen ist und was Schnecken sind und..."
„Halt, halt, halt, nicht alles auf einmal!" unterbrach Fennek.
„Wie ist es dir ergangen, Testudo, was machst du so den ganzen Tag?"
„Gut, daß du fragst" sagte ich leise, damit es die großen Pardalis nicht hörten.
„Es wird mir langweilig, und ich will unbedingt mit dir losziehen, meine Geschwister suchen."
„Aha, Testudo, das hast du noch nicht vergessen. Willst du immer noch deine Geschwister suchen?"
„Aber selbstverständlich! Wie könnte ich das vergessen? Wann ziehen wir los?"
„Von mir aus sofort", sagte Fennek, „auch mir war es langweilig ohne dich und deine vielen Fragen."
„Na also, laß uns losgehen, Fennek."
„Nun mal langsam, kleine Schildkröte."
„Ha, kleine Schildkröte! Schau dir diese beiden an, so eine Riesenschildkröte werde ich einmal!"
„Ja, irgendwann, aber noch bist du klein und kannst froh sein, daß du mich hast."
„Du hast ja recht", sagte ich und schwieg.
„Du Testudo, ich weiß, wie wir das machen. Du bleibst heute noch hier und erklärst den beiden großen Schildkröten, daß wir wieder weiterziehen und bedankst dich auch bei ihnen, weil sie sich um dich gekümmert haben. Und morgen früh komme ich wieder, und dann ziehen wir los. Einverstanden?"

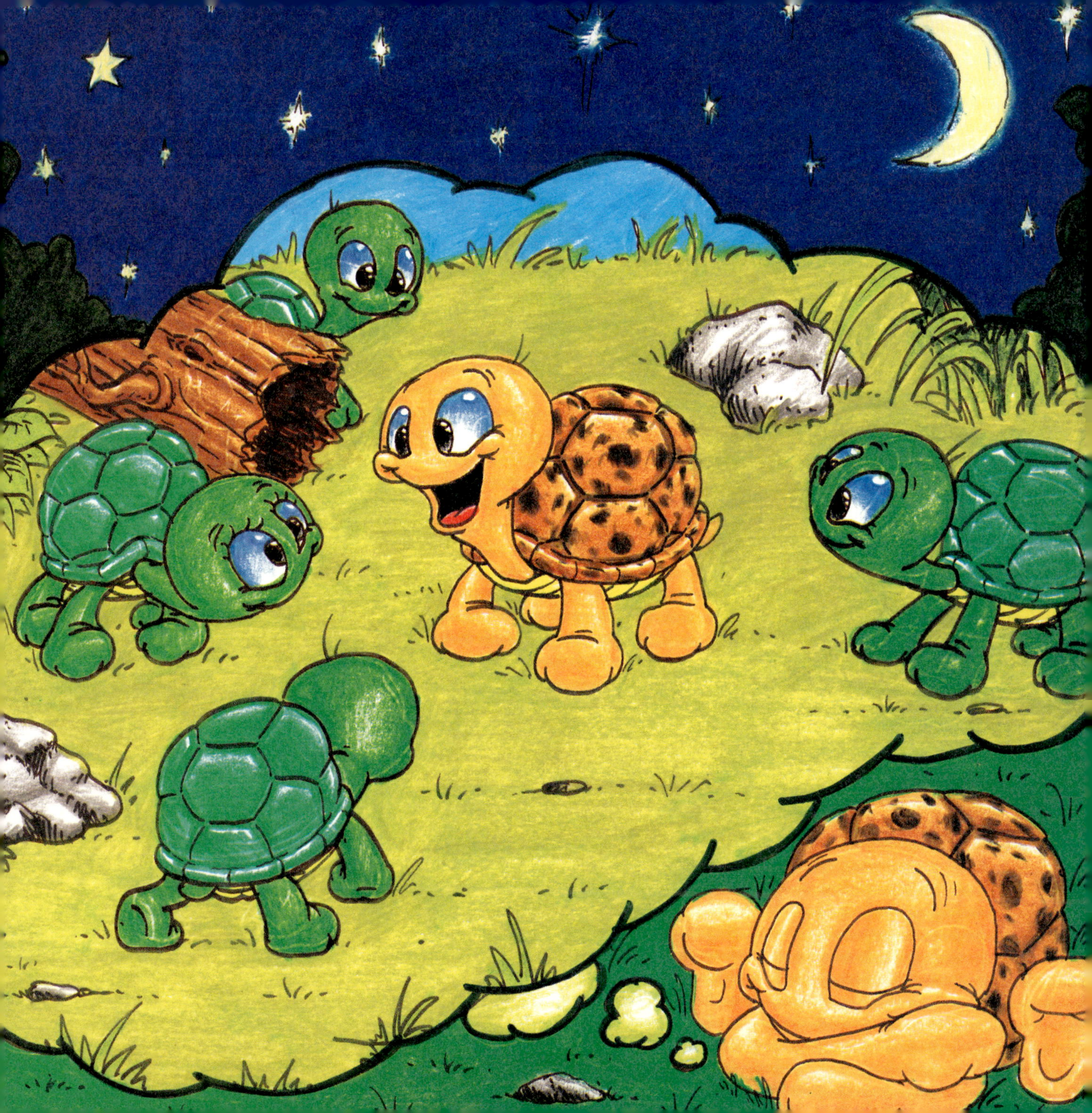

„Ja, du hast recht. Eigentlich schade, daß ich von den beiden weg muß ..."
„Man kann halt nicht alles haben, Testudo, also bis morgen."
„Bis morgen, Fennek."
Als Fennek weg war, kam die große Pardalis näher und fragte: „Na, Kleiner, ist dein Freund schon wieder weg?"
„Ja", antwortete ich.
„Du, große Pardalis?" fragte ich zaghaft.
„Ja, Kleiner?"
„Du, wir wollen morgen wieder weiterziehen und meine Geschwister suchen."
„Ich weiß doch, daß du deine Geschwister suchen willst, also mußt du auch irgendwann wieder los."
„Aber, aber, ich bin auch gerne bei euch!"
„Das glaube ich dir, aber wenn du ganz fest deine Geschwister suchen willst, dann mußt du auch losgehen. Wir verstehen das schon."
Ich war doch etwas traurig und fragte: „Könnt ihr nicht mit uns gehen?"
„Nein, nein, Kleiner. Wir sind schon alt und wollen unsere Ruhe haben. Es hat uns schon viel Freude gemacht, dich einige Tage um uns zu haben. Aber große Wanderungen machen wir nicht mehr, schon gar nicht der alte Mann mit seinem kaputten Fuß."
Wir schwiegen eine Weile. Dann sagte die große Pardalis noch: „Nun sei nicht traurig. Du weißt nun, wo wir sind, und kannst uns doch immer besuchen kommen. Dein Fennek zeigt dir sicher anfangs den Weg."
„Oh ja, das will ich tun. Ich werde euch bald besuchen kommen und wenn ich meine Geschwister finde, kommen wir alle vorbei!"
Nun war ich ganz schön aufgeregt und auch wieder froh, daß ich nun wußte, wie es weitergeht. Ich konnte die beiden doch oft besuchen und bin ja nicht für immer weg. So langsam freute ich mich doch wieder auf morgen und auf Fennek.
Bald wurde es dunkler, und wir zogen uns auf unsere Schlafstelle unter einem Gebüsch zurück. Ich dachte an die kommenden Abenteuer und daß ich meine Geschwister finden würde und schlief ein. Und ich träumte ...

9. Kapitel

Ich träumte einen herrlichen Traum. Ich lief über eine himmlische Wiese. Sie war ganz blau und voller Blumen und alles roch und duftete so herrlich, wie noch nie. Es waren die schönsten Blumen, die ich je gesehen hatte und die Wiese war so blau, so blau, das hatte ich auch noch nie gesehen. Und ich lief ganz schnell und ganz leicht als ob ich schweben würde.
Die Schmetterlinge flogen an mir vorbei, sie waren ganz bunt, so etwas hatte ich noch nie gesehen. Und sie riefen: „Hallo, kleine Schildkröte, wo willst du hin?"
„Hallo, Testudo, wie geht es dir?"
Ein anderer landete auf mir und sagte: „Los Testudo, trag mich ein Stückchen."
Ein Wurm schaute aus der Erde und brummelte: „Hallo, wohin so schnell? Nimm mich mit."
Ich war so begeistert und rief: „Juhuh, ich suche meine Geschwister, kommt alle mit!"
„So kommt doch mit und helft mir suchen, ihr Schmetterlinge, ihr Würmer, ihr Hummeln und ihr Bienen."
Ich schwebte über diese herrlich blaue Wiese und dann sah ich sie!!
Ich sah viele kleine Schildkröten. Sie sahen aus wie ich. Sie waren auch alle blau, so blau wie die Wiese und sie waren so niedlich und so lustig.
„He, Schildkröten, wer seid ihr? Seid ihr meine Schwestern und Brüder?"
Sie kicherten und liefen hin und her.
„He, ihr kleinen Schildkröten, seht mich an, ich bin euer Bruder!" rief ich und schwebte auf die erste zu.
Da kamen sie alle auf mich zu und wurden ruhiger. Bald waren alle um mich herum versammelt. Es waren ganz viele. Plötzlich fingen sie alle an zu reden, es war kaum etwas zu verstehen.
„Ei, ei du siehst aus wie wir!"
„Wo kommst du her?"
„Wer bist du denn, was machst du hier?"
„Komm doch mal näher und sag was."
„Du siehst ja ganz gelb aus."

„Wie heißt du?"
Alle fragten durcheinander. Mir brummte schon der Schädel.
„Ich bin Testudo, euer Bruder", rief ich, und ich war so glücklich, so so glücklich. Ich hatte eine große Familie, wir waren beisammen und wollten nie mehr auseinander gehen.
Plötzlich war die Wiese nicht mehr blau, sondern schwarz und die Erde bewegte sich. Oder nicht? Irgend jemand schob an mir rum.
„He, Testudo, aufwachen. Aufwachen. Ich bin da, dein Fennek. Wir wollen losziehen."
Es war so entsetzlich. Meine schöne blaue Wiese war weg. Meine blauen Geschwister waren weg. Alles nur ein Traum ...
„Fennek, du? Ach so, natürlich ... ich habe so schön geträumt! Ich habe meine Geschwister gesehen, im Traum, es war so schön!"
Und Fennek antwortete:
„Deswegen bin ich ja hier. Wir wollen deine Geschwister suchen. Vielleicht wird dein Traum wahr, und wir finden sie."
„Ja, hoffentlich, Fennek. Wir wollen losgehen. Aber ich muß mich erst noch verabschieden von den großen Pardalis."
„Ja, tu das."
Ich rannte um die beiden großen Pantherschildkröten herum und rief: „He, aufwachen ihr zwei, ich will los!"
„Aufwachen, wacht doch auf!"
Nach einer Weile kam die große Pardalis mit dem Kopf aus dem Panzer.
„Wir wollen losziehen, große Pardalis", sagte ich.
„Ich weiß Kleiner, nun zieh also los und suche deine Geschwister, aber paß gut auf dich auf, damit dir nichts passiert. Die Welt ist voller Gefahren, und wir wollen dich doch bald einmal wiedersehen."
„Aber ja, große Pardalis, ich will euch doch auch bald wiedersehen, ich werde schon aufpassen, und auch der Fennek wird mir helfen. Ich will doch auch so groß werden wie ihr."
Eine Weile schwiegen wir, dann sagte die große Pardalis: „Nun geht schon los und laß den alten Mann schlafen, er weiß, daß du heute gehst und er haßt es, sich zu verabschieden. Ich werde ihn

von dir grüßen."

„Ja, gut, und vielen Dank für alles. Es war so schön bei euch, und ich würde so gerne auch hierbleiben und ...

„Nichts und und und, Kleiner, jetzt aber los."

Ein bißchen traurig war ich schon. Aber dann trippelte ich langsam los.

„Fennek, Fennek, es geht los."

„Ja, Kleiner."

Zusammen marschierten wir los. Wie früher ging Fennek etwas vor mir her und wartete dann auf mich. Ich war gar nicht mehr so langsam wie früher und wurde auch gar nicht so schnell müde. Wir kamen gut voran. Nach der Wiese kamen wir in den Wald. Hier war es schön schattig und nicht so heiß, und wir kamen gut voran.

„Fennek, wo laufen wir denn hin?"

„Mal sehen, erst einmal durch diesen Wald hier."

„Und dann, und dann? Die großen Schildkröten haben gesagt, wenn meine Geschwister leben, dann haben sie sich bestimmt eine große Wiese gesucht, wo saftiges Gras wächst und ein schattiger Waldrand in der Nähe ist."

„Die beiden haben recht, Testudo. Deinen Geschwistern wird es wie dir ergangen sein. Sie haben sich sicher eine Wiese gesucht, wo sie sich verstecken können, wo es nicht zu heiß für kleine Schildkröten ist und wo vielleicht Wasser zum Trinken ist. Außerdem kann es ja gar nicht so weit von der Wiese weg sein, wo ich dich gefunden habe."

„Aber ja, Fennek. Du hast recht, laß uns eine solche Wiese suchen."

„Es wird schon noch eine Weile dauern, bis wir eine solche Wiese finden. Weißt du noch, wie lange wir gelaufen sind, bis wir bei dem Wasserloch und bei den großen Schildkröten waren?"

„Ja, natürlich weiß ich das."

„Siehst du, und nun müssen wir den ganzen Weg zurück und dann die anderen Wiesen in der Umgebung suchen, wo ich dich gefunden habe."

„Gut, Fennek, und wie lange dauert das noch?"

„Drei bis vier Tage bestimmt, also laß uns weiterlaufen."

Und so liefen wir immer weiter und weiter.

„Du Fennek, ich habe Hunger!"

„Oh, das habe ich gewußt. Immer wenn nichts zu fressen da ist, hast du Hunger! Wir müssen aber weiter. Vielleicht finden wir bald was."

Und wieder gingen wir schweigend weiter und immer weiter.

„Fennek? Was kommt nach dem Wald?"

„Nach dem Wald kommt die erste Wiese."

„Oh ja, vielleicht finden wir da ..."

„Nein Testudo, dort war ich schon. Dort waren keine Schildkröten."

„Schade, aber..."

„Nichts aber, ich habe doch schon einige Wiesen ohne dich abgesucht und nichts gefunden. Aber ich kenne noch zwei Wiesen, wo wir Glück haben könnten, und da gehen wir hin."

„Du bist aber ein guter Freund, Fennek. Und du hast schon ohne mich gesucht? Das finde ich toll."

„Ja, allein bin ich doch viel schneller als mit dir zusammen. Aber alleine macht es keinen Spaß. Wir werden deine Geschwister zusammen finden. Ich weiß jetzt ungefähr, wo wir suchen müssen."

„Toll, Fennek, jetzt aber weiter, ich kann es kaum abwarten."

Und wieder gingen wir weiter und immer weiter.

10. Kapitel

Wir gingen und gingen, Fennek war schon etwas vorausgegangen, da plötzlich lag etwas vor mir und piepste kläglich.

„Piep, piep."

Es war ungefähr so groß wie ich und hatte einen Schnabel und bunte Federn. Ich wußte, daß es ein Vogel war. Aber er war klein und sah gar nicht gefährlich aus.

„Hallo, wer bist du denn?"

„Piep, piep, ich bin ein Vogel, piep."

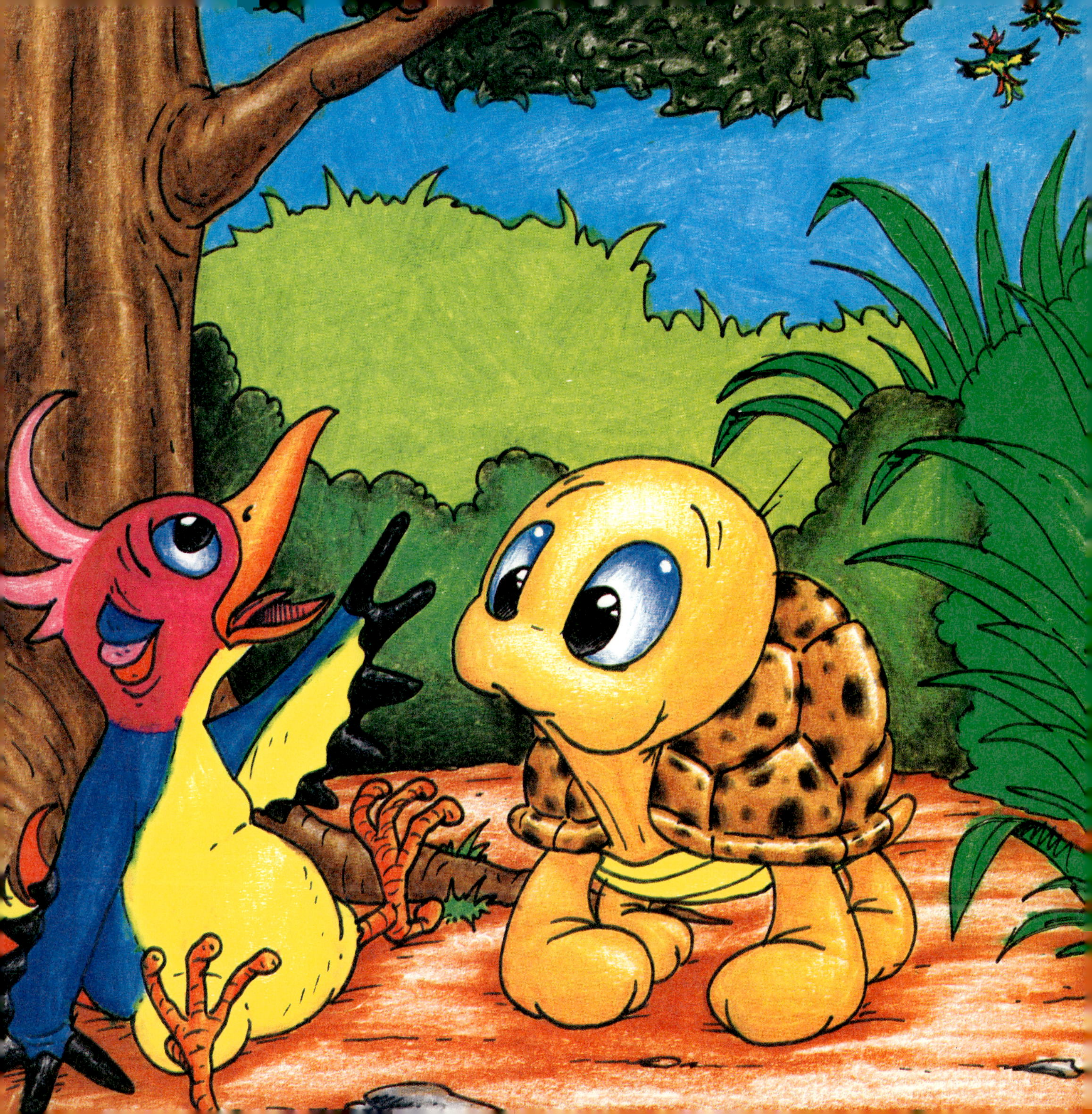

„Ja, das sehe ich. Aber was machst du hier am Boden. Vögel fliegen doch durch die Luft?"
„Piep."
„He, kannst du noch mehr sagen, als immer nur piep?"
„Ja, piep, ich bin doch noch ein junger Vogel und kann noch gar nicht fliegen, piep."
„Ach so, und wie kommst du hier auf den Boden?"
„Piep, ich bin aus dem Nest gefallen, dort oben im Baum."
„Ach, von dort oben hier runter? Hast du dir weh getan?"
„Piep, ja, nein, ich weiß nicht. Ich will hoch zu meiner Mutter!"
„Deine Mutter ist da oben?"
„Piep, ja, und mein Vater auch, die suchen mich sicher schon. Piep. Ich wollte doch nur mal über den Nestrand nach unten sehen, und dann bin ich runtergefallen. Ich will zu meiner Mutter, piep."
„Du tust mir leid, wie kann ich dir helfen?"
„Piep, ich will zu meiner Mutter, ich habe Hunger, piep!"
„Ja, warte, ich frage meinen Freund Fennek, der weiß alles."
„Fennek, Fennek!"
Fennek kam die paar Schritte zurück, und er blickte sehr komisch auf den Vogel. Und er knurrte!
„Fennek, was ist denn?"
„Knurrrrrr!"
„Fennek, was ist los mit dir? Ach so ich kann es mir denken! Du willst ihn fressen! Fennek, das kommt nicht in Frage. Er ist noch ganz klein und aus dem Nest gefallen. Er wird nicht gefressen! Wir wollen ihm helfen."
„Natürlich, du wieder! Hast du schon wieder mit ihm gesprochen! Gut, ich werde ihn nicht fressen, aber nur wegen dir! Ach, es ist schrecklich mit dir! Das schönste Futter fällt einem vor die Füße, und ich soll ihm noch das Leben retten!"
„Ja, Fennek. Du bist doch groß und stark und schnell, du findest immer Futter."
„Na gut, Testudo, so langsam kenne ich dich, du kannst keinem weh tun, das wird schwer mit dir im Leben."
In der Zwischenzeit kamen zwei weitere Vögel, aber viel größere als der Kleine. Sie waren so

schön bunt und saßen in der Nähe von dem Kleinen auf einem Ast und piepten laut. Der kleine piepte auch laut.
„Na siehst du, Testudo. Die Eltern haben ihren Kleinen wieder gefunden, dann wird alles wieder gut."
„Wieso?"
„Na, die Eltern werden dem Kleinen dauernd Futter bringen und ihn im Gebüsch verstecken, bis er irgendwann fliegen kann ... Falls er nicht in der Zwischenzeit gefressen wird!"
„Aber nicht von dir!" rief ich.
„Nein, wir zwei gehen weiter."
„Ja, aber erst will ich mich noch verabschieden."
„Ach, du stellst dich wieder an."
Ich ging wieder zu dem kleinen Vogel hin, er piepste ständig, und die großen Vögel waren jetzt ganz in seiner Nähe, und sie piepsten auch.
„Na, Kleiner, warum piepst du so viel?"
„Piep, meine Eltern sind da, und sie werden mir Futter bringen, und und und ich glaube, alles wird gut, piep."
„Ja, das hoffe ich für dich. Du mußt dich verstecken, damit du nicht gefressen wirst von anderen bösen Tieren. Hoffentlich kannst du bald fliegen. Und wenn du fliegen kannst, dann mußt du mich besuchen. Ich bin eine Pantherschildkröte, und ich werde irgendwo auf einer großen feuchten Wiese mit vielen bunten Blumen wohnen..."
„Aber Testudo, das ist doch ein bißchen viel für den kleinen Vogel."
Der Fennek war näher gekommen, und der Kleine verkroch sich schnell vor Angst hinter einen Baum. Die großen Vögel flogen dicht über Fennek hinweg und kreischten und piepten wie verrückt.
„Fennek, was wollen die Vögel?"
„Die haben Angst um ihren Kleinen und wollen mich verscheuchen, da kann ich nur lachen, ha, mich verscheuchen!"
„Komm Fennek, du machst den Vögeln Angst, wir gehen weiter."
„Ja, Testudo, wir gehen weiter."
Wir ließen die kreischenden Vögel zurück und gingen weiter und immer weiter...

11. Kapitel

Der Wald war unendlich groß und wollte nicht aufhören. Wir liefen und liefen und liefen. Fennek lief oft weit vor mir her und wartete dann auf mich. Zu fressen fand ich auch immer etwas, im Wald wuchsen Moos und Farne und viele Pflanzen, die mir aber nicht so gut schmeckten. Aber es war mir egal, ich wollte nur weiter und immer weiter.

Nachts schlief ich unter einem Busch oder im Moos leicht vergraben. Fennek war meistens bei mir. Ich weiß aber, daß er nachts immer verschwand, um sich Futter zu suchen. Ich wollte gar nicht daran denken, was er jagte und fraß, es war viel wichtiger, daß er immer da war und auf mich aufpaßte.

Nach zwei Tagen, oder waren es drei Tage, oder vier, kamen wir zum Ende des Waldes.

„He, Fennek, der Wald ist zu Ende! Kommt jetzt eine Wiese?"

„Ja, du wirst sie gleich sehen."

„Oh prima, ich laufe noch schneller, wir müssen gleich anfangen mit dem Suchen."

„Nur langsam, die Wiese ist groß, und wir werden lange suchen müssen."

Der Wald war zu Ende, es war plötzlich ganz hell, und die Sonne brannte senkrecht vom Himmel, es war also Mittag, und ich roch die Wiese, die Blumen, die Gräser und und und …

„Fennek, wo müssen wir suchen? Ich sehe nur Gras und Blumen!"

„Gut, gut, nur nicht so ungeduldig, Testudo. Ich werde für dich die Wiese absuchen. Das geht schneller."

„Oh ja, tu das, suche schnell!"

„Gut, aber du bleibst genau hier sitzen, damit ich am Ende nicht auch noch dich suchen muß. Ich werde die Wiese rauf und runter rennen und alles abschnüffeln. Ich werde mich still hinlegen und lauschen. Du weißt, ich höre alles!"

„Ja, ja, nun geh los. Ich werde genau hier warten."

Fennek sauste los. Den Kopf dicht am Boden schnüffelte er los, das Gras raschelte und dann war er weg. Ich saß still am Boden, mein Herz klopfte wie wild, und ich war ganz aufgeregt. Heute werde ich meine Geschwister sehen. Heute werde ich meine Geschwister sehen, heute …

Ich lief ständig im Kreis herum und redete vor mich hin: Heute werde ich meine Geschwister

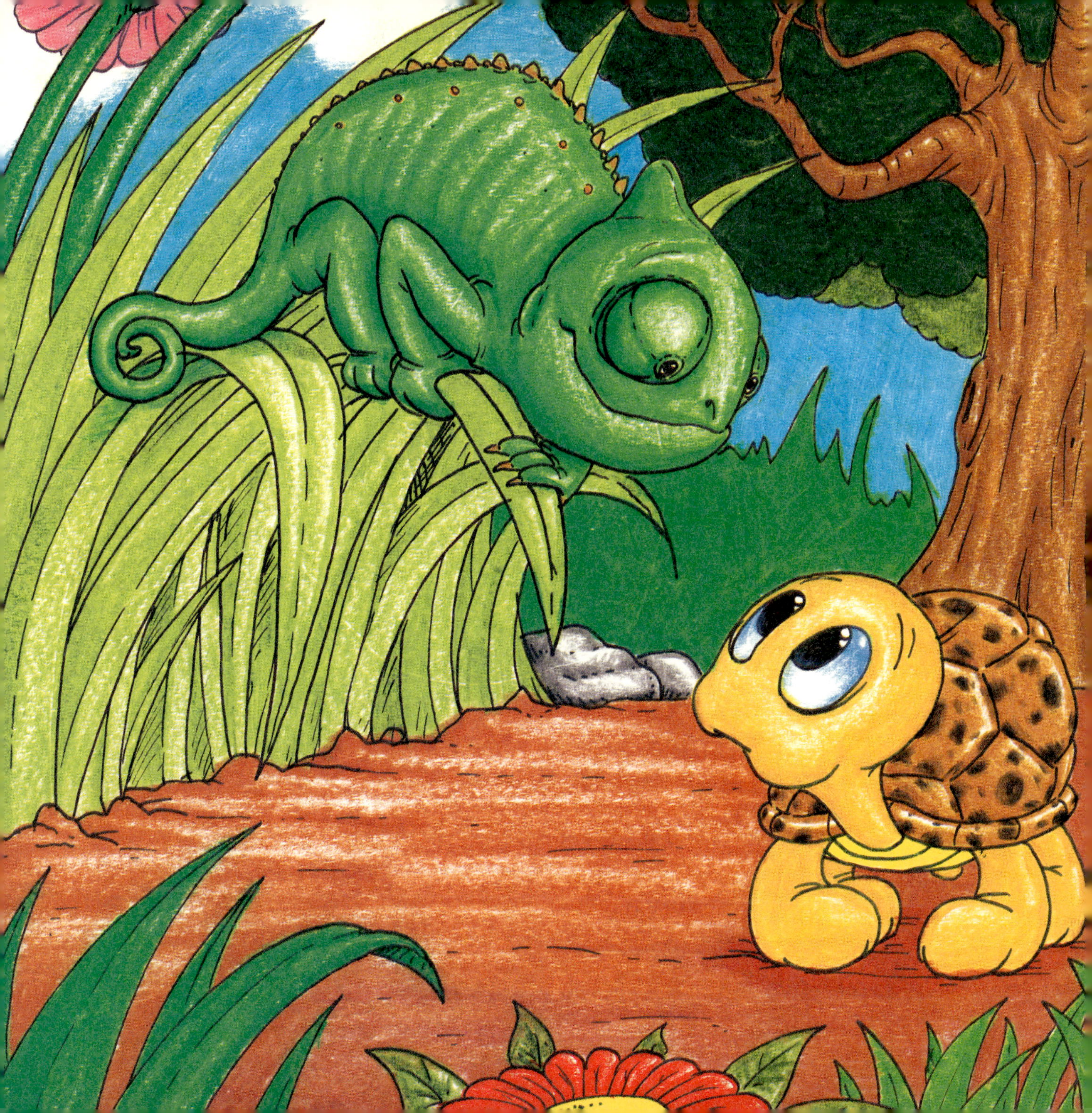

sehen, heute werde ich ...

„Hallo, Kleiner, warum so fröhlich?"

„Ich werde heute meine Geschwister sehen... Aber, aber wo bist du, wer bist du, was bist du? Ich sehe nichts."

„Ha, ha, ich bin hier in der grünen Blume, am Stengel, siehst du mich?"

„Nein, wer bist du?"

„Nun sieh genauer hin, ich hänge am grünen Stiel der Pflanze, und ich bewege mich jetzt etwas."

„Heiliger Panzer, jetzt sehe ich dich. Du hast dieselbe Farbe, wie diese Blume, du hast einen Ringelschwanz und ein komisches Auge."

„Ha, ha, du hast recht, das bin ich."

„Wer bist du?"

„Ich bin ein Chamäleon."

„Chamäleon? Nie gehört. Was machst du so, äh, muß ich Angst vor dir haben?"

„Ha, ha, nein, kleine Schildkröte. Du brauchst keine Angst vor mir zu haben. Wir Chamäleons sind eigentlich recht harmlos, zumindest für größere Tiere. Ich fresse nur Insekten wie Heuschrecken, Käfer und Grillen."

„Ach so, dann habe ich keine Angst vor dir. Du hast eine schöne grüne Farbe."

„Ha, ha, da bist du aber reingefallen, wir Chamäleons können unsere Farbe wechseln. Wir nehmen immer die Farbe an, wie sie in unserer Umgebung ist. Wenn ich auf Sand stoße, kann ich ganz braun werden, und wenn ich böse werde, werde ich ganz schwarz!"

„Ehrlich, du lügst mich auch nicht an?"

„Nein, ganz sicher. Aber sag, was machst du so?"

„Ich, och, ich warte hier auf meinen Freund Fennek, den Wüstenfuchs."

„Was! Du wartest auf einen Fennek? Da muß ich aber schnell weg, Fenneks sind unsere Feinde. Wenn der mich entdeckt, dann bin ich verloren!"

„Da hast du sicher recht, aber ich kann ihn bitten, dich nicht zu fressen."

„Das glaube ich dir gerne, kleine Schildkröte. Aber sicher ist sicher. Ich verschwinde lieber!"

„Schade."

„Ja schade, du bist eine nette Schildkröte, aber ich verschwinde jetzt, mach's gut, vielleicht sehe ich dich einmal wieder. Ich lebe hier in der Grasebene. Also bis bald, mich hält hier nichts mehr."
„Mach's gut, Chamäleon."
Das grüne lustige Ding kletterte von dem Ast herunter und verschwand ganz langsam im Gras.
Ich wartete und wartete.
Nach einer Ewigkeit kam Fennek wieder, und ich war ganz aufgeregt:
„Nun sag schon, hast du sie gefunden?"
„Nein, Testudo, leider nicht. Ich habe die ganze Wiese abgesucht, aber es sind keine Schildkröten hier.
„Och, bist du ganz sicher?"
„Ja, natürlich, ich will doch auch, daß du deine Geschwister findest, aber es sind keine auf dieser Wiese."
Ich war nun wirklich traurig. Immer noch keine Geschwister in Sicht.
„Was machen wir jetzt, Fennek?"
„Ich weiß, wo noch eine Wiese ist, das ist aber unsere letzte Chance. Danach kommt nur noch Wüste, da gibt es sicher keine Schildkröten mehr."
„Also gut, dann nichts wie los."
„Gut, Testudo, gehen wir weiter, aber es wird bis morgen dauern. Es ist ganz schön weit bis dorthin."
Traurig trippelte ich los, immer hinter Fennek her. Ich war gar nicht mehr fröhlich. Es dauerte zwei Tage, bis wir wieder auf eine Wiese trafen, und wieder war ich völlig aufgeregt.
„Fennek, Fennek, ist es hier?"
„Ja, das ist die Wiese, die ich meine."
„Fennek, Fennek, sause los und suche wieder für mich, bitte, bitte."
„Ist ja schon gut, ich schnüffele wieder los, und du bleibst hier sitzen."
„Ja, los, los."
Was war ich wieder aufgeregt. Ich trippelte im Kreis herum und wartete.
Diesmal dauerte es nicht lange, und Fennek stand plötzlich wieder vor mir.
„Jetzt bleibe ganz ruhig, Testudo. Ich habe was gefunden."

„Was hast du gefunden? Sag schon!"
„Dort mitten in der Wiese sitzt eine kleine Schildkröte, die sieht genauso aus wie du und ist genauso groß und gelb wie du."
„Ja? Ich werde verrückt! Eine kleine Schildkröte wie ich?"
„Ja, genau wie du!"
„Fennek, schnell, wir müssen hin, führe mich hin, ich werde verrückt."
Fennek ging los und ich hinterher, ich rannte so schnell wie ich konnte, endlich werde ich meine Geschwister sehen, eine Geschwister, was heißt das? Eine Schwester, einen Bruder, oder was?
Egal, nur hin!
Und dann sah ich sie!!!
Eine kleine Schildkröte, wie ich!
Staunend stand ich vor ihr, das war ja ich!
Ich konnte nichts reden.
Sie hatte mich auch gesehen und schaute mich still an.
Plötzlich sagte sie mit einer leisen hohen Stimme:
„Du siehst aus wie ich."
„Ja, ja", murmelte ich und mein Herz raste vor Freude.
Sie sah so schön aus und ich sagte: „Ich bin Testudo, bist du, bist du ... meine Schwester?"
„Ich weiß nicht", sagte sie wieder leise.
„Ich weiß nur, daß ich ein Pantherschildkröten-Mädchen bin. Ich habe keine Verwandten ... bis jetzt."
Ich schluckte schwer und fragte weiter: „Wie bist du hierhergekommen?"
„Als ich aus der Erde schlüpfte, kamen große Vögel und schnappten nach mir und meinen Geschwistern. Ich blieb allein zurück und bin hierher gewandert."
„Ich werde verrückt", sagte ich, und mein Herz schlug immer noch wie wild.
„Mir ging es genauso, wir sind bestimmt Geschwister. Ich habe lange nach meinen Geschwistern gesucht."

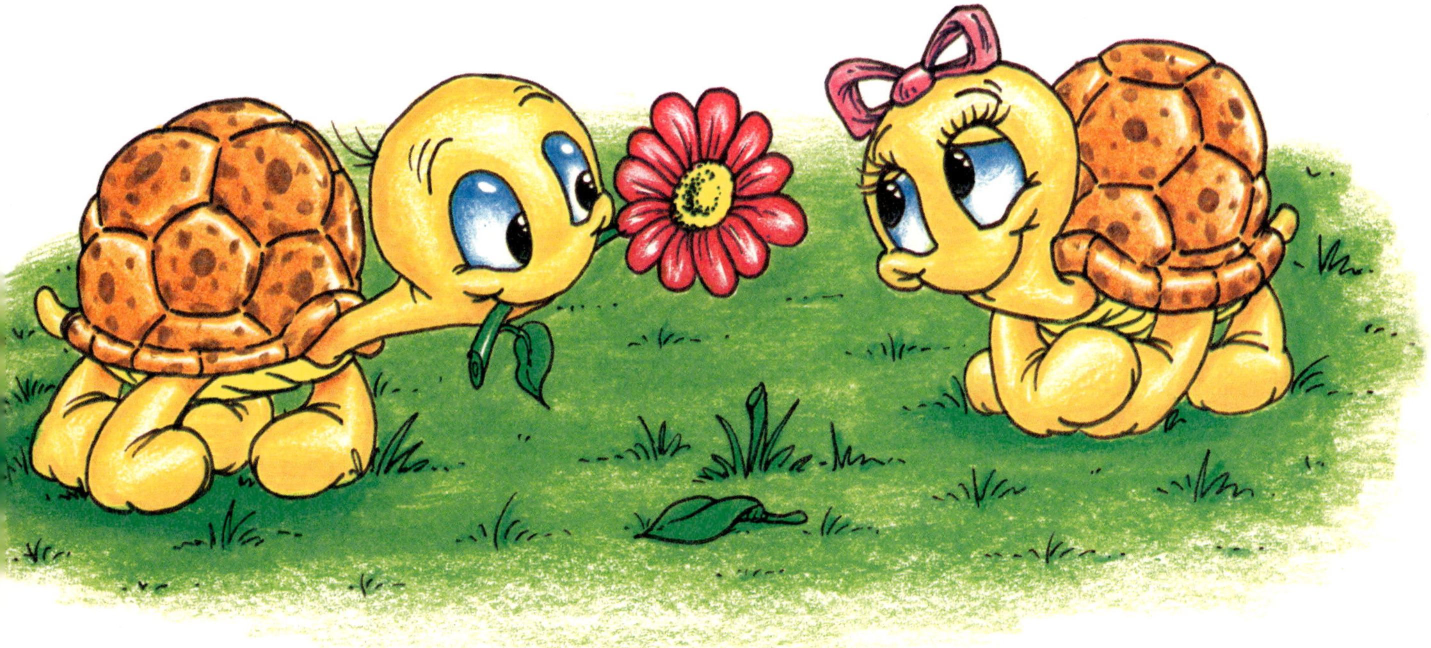

„Ich leider nicht, ich habe gedacht, ich wäre allein zurückgeblieben. Ich habe mir eine Wiese gesucht, wo ich mich verstecken konnte und war froh, daß ich alles überlebt habe."
„Und jetzt bist du ganz allein hier?"
„Ja, aber ich habe ein paar Freunde hier auf der Wiese. Aber einen Bruder hatte ich noch nie. Ich finde das ganz toll. Ich habe einen Bruder!"
„Und ich habe eine Schwester!"
„He, Fennek, ich habe eine Schwester! Siehst du?"
Der Fennek saß schmunzelnd im Gras.
„Ich freue mich mit dir, kleiner Freund. Es ist schön, Geschwister zu haben."
„He, kleine Schwester, du siehst so ängstlich aus. Das ist Fennek, ein Wüstenfuchs. Du mußt aber keine Angst haben, er ist mein Freund und hat dich gesucht. Ohne ihn wäre ich jetzt nicht hier. Nur durch ihn habe ich dich gefunden."
„So? Ja, dann will ich keine Angst mehr haben, vielen Dank auch, Herr Wüstenfuchs, daß du mich gesucht hast."
„Ich bin Fennek, und die Freunde Testudos sind auch meine Freunde. Von jetzt an habe ich zwei kleine Freunde."
„Danke, Fennek", sagte ich.
„Wir zwei können einen Freund gut gebrauchen. Wir haben sicher noch viele Abenteuer zu überstehen, und da brauchen wir dich als Freund."
„Ja, ihr zwei kleinen Schildkröten, ich werde schon auf euch aufpassen."
Was war ich aufgeregt. Ich hatte einen großen Freund und jetzt auch noch eine kleine Freundin. Ich wollte noch viele Abenteuer mit den beiden erleben.

ENDE

Der Autor

IGNATZ A. BASILE ist einer der führenden Schildkröten-Experten Europas mit weltweiter Anerkennung. Er züchtet seit vielen Jahren erfolgreich Schildkröten und ist Autor der bekannten Bildbandreihe „Faszinierende Schildkröten." Unter diesem Titel erschienen bisher:

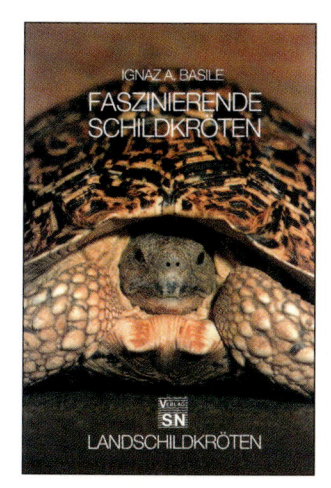

Band 1 – Landschildkröten
(ISBN 3-924342-17-6)

Band 2 – Sumpfschildkröten
(ISBN 3-927913-81-2)

Band 3 – Wasser- und Meeresschildkröten

zu beziehen im Buchhandel oder direkt bei:

**turtles press international
Ignatz A. Basile
August-Bebel-Str. 7
63517 Rodenbach**

Dieses Buch wurde erstellt mit Unterstützung der Firma:

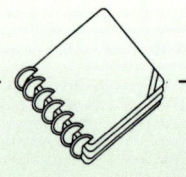

SYGO.....
Industriebuchbinderei GmbH

Ihr Spezialist für:

- Wire-O-Bindungen
- Spiralbindungen
- Plastik-Effekt-Bindungen
- Fälzel

Siemensstraße 1
63456 Hanau

...eine gute (Ver)bindung

Telefon 0 61 81/6 00 00
Telefax 0 61 81/6 00 12

Wir binden Ihre Produkte. Wir helfen Ihnen auch beim Entwurf und der Druckvorbereitung, z. B. für:

Wandkalender ● **Tischkalender** ● **Spiralblöcke** ● **Collegebücher** ● **Schülertimer** ● **Geschäftstimer** ● **Firmenchroniken** ● **Werbebroschüren** ● **u.v.m.**

Geschäftsführer: Brigitte Golubovic Reuffurth und Jürgen J. Syvarth

Alle Produkte können mit den Figuren aus dem Buch „Testudo und Fennek" gestaltet werden, z.B. als Titelbild oder auch im Inhalt wiederkehrend. Geplant sind auch ein Wandkalender und ein Schülertimer mit Testudo und Fennek.

Alle Figuren aus dem Buch „Testudo und Fennek" sind unter dem Namen „The Funny Reptilians" geschützt.